LYRIK DES XXI. JAHRHUNDERTS

FRANKFURTER BIBLIOTHEK

Gründungsherausgeberin Giordana Brentano

———

Dritte Abteilung

Die Lyrik des XXI. Jahrhunderts

9.

Die besten Gedichte

Ausgewählte Gedichte aus der
Frankfurter Bibliothek
Bearbeitet von Steffi Gaede

FRANKFURTER
LITERATURVERLAG

FRANKFURT/M MÜNCHEN LONDON NEW YORK

Die besten Gedichte 2012/2013

———————

Ausgewählte Gedichte

aus der

Frankfurter Bibliothek

Bearbeitet von Steffi Gaede

FRANKFURTER
LITERATURVERLAG

FRANKFURT/M MÜNCHEN LONDON NEW YORK

Diese Buchausgabe der Edition
Lyrik des XXI. Jahrhunderts
wurde mit einer Goudy Old Style gesetzt,
im Bogenoffset gedruckt
und in Fadenheftung gebunden.
Alle verwendeten Materialien
entsprechen alterungsbeständiger Qualität,
und die Papiere sind chlor- und säurefrei.

© 2012 by FRANKFURTER LITERATURVERLAG

ISBN 978-3-8372-1134-4

2012

FRANKFURTER LITERATURVERLAG
Ein Unternehmen der
FRANKFURTER VERLAGSGRUPPE
HOLDING AG AUGUST VON GOETHE
In der Straße des Goethe-Hauses
Großer Hirschgraben 15
60311 Frankfurt a.M., Tel. 069-408940
www.frankfurter-literaturverlag.de

Die Seinsreise

Seinsvergessen umhergeirrt – endlose Suche:

Auf Wiesen voller Begegnungen und
    Gespräche
    -    nach dem Sinn
Auf Wegen voller Geschäftigkeit und Hast
    -    nach Gelassenheit
Auf Hügeln von Erdenschwere und Härte
    -    nach der Leichtigkeit
In Wäldern von Gedanken und Worten
    -    nach dem Schweigen
In Meeren von Geräuschen und Tönen
    -    nach der Stille

Seinslos getrieben – zweifelnden Schrittes:

Auf Un Wegen - angstvoller Dunkelheit
In Ab Gründen - zeitloser Unsicherheit
Gegen Auf Winde - beherrschender
    Meinungen
Im Ahn Sinnen - erschöpfter Seele
Zum Berg - einsamer Einmaligkeit

Seinsmitten angekommen – zeitvergessene
   Erfahrung:

Im Sinn   - das ewige DU
In der Gelassenheit   - das Vertrauen
In der Leichtigkeit   - die Liebe
Im Schweigen   - die Freiheit der Sprache
In der Stille   - die Fülle Gottes

Sr. Luzia Abegg

Sonntags im Park

Spaziergänger in gepflegten Parkanlagen
gehen sittsam auf sauberen Wegen.
Immer wieder
Hans-guck-in-die-Luft-Mentalität.
Blauäugig und mit tauben Ohren
schreiten sie voran.
Das Geschnatter
Neuer Häuser, neuer Autos, neuer Kleider,
neuer sonst noch was
dringt an mein Ohr.
Weißt du schon,
der soundso ist auch schon tot –
und sie, sie wird es auch nicht mehr lange
    machen.
Oberflächlichkeit in die Kleider gewebt
Und immer eine Hand bereit
Sich gegenseitig das Maul zu stopfen.

Während ich unter Rhododendron staune,
mit Kindern spiele,
dem Hund um die Wette renne,
mit den Schmetterlingen träume,
mich mit den Vögeln in den Himmel erhebe,
    Luftsprünge atme
und durch Gefühlsozeane schwimme

Helga Aberle (*1947)

7

Die Reise

Die Reise steht nun bevor
Zu durchschlagen das allerheiligste Tor

Man stand schon zuvor, davor
Menschen zu durchlöchern, so als wären sie
    selbst der Chor

Wer bestimmt darüber, wann und wo die
    Kreuzigung geht vorüber
Ein Mensch stand darüber

Über allem
Der König von Salem

Himmels lenkend
Gab es doch heute daraus ein seltsames
    Oster-Weekend

Alles selbst erdenkend
Die Zeit als Magd verschenkend

Taufe findet statt
Der Himmel wird darunter alles machen platt

Hast Du nun die Himmelssaat satt

Oder setzt Dich Gott immer und überall gleich
    wieder Schachmatt
Wer dies weiß
Erhält Seinen Beweis

Gottessohn
Ist und bleibt der höchstgesegnete Lohn

The Art of the Trance: Stephan Aebischer (*1982)

Maskerade

Stets hat er sich
die Maske des starken Mannes aufgesetzt,
hinter der er seine Schwächen verborgen hielt.

Die Leute achteten ihn als starken Mann,
der sich in der Ellenbogengesellschaft
durchsetzen konnte.

Als sie dann erfuhren,
dass er sich das Leben genommen hat,
konnten sie nicht begreifen,
warum er das getan hat,
denn sie wussten nicht,
dass sein Starksein nur Maskerade war
und er darunter litt,
dass er wegen seiner Schwächen
in seinem Beruf nicht vorwärts kommen
    konnte,
und ihn die Angst quälte,
die Leute könnten hinter seiner Maske
seine Schwächen entdecken
und geringschätzig auf ihn herabsehen.

Fritz Aschenbrenner (*1955)

Verantwortung

im Wort bin ich wirklich frei
Handlungsstränge vereinen
aus der Nacht tönt ein Schrei
das Nahe möchte verneinen

im Zweifel bin ich geboren
in der kopflosen Lust verstorben
habe nur in Geständnissen geschworen
bin zum traurigen Abbild meines Vaters
        geworden

im Leben bin ich wohl verwaist
Freunde waren Fatamorganas
die Zuversicht ist seit meiner Geburt verreist
der Austritt aus dem Kreislauf des Leidens ist
        das Ziel meines Nirwanas

im Glauben bin ich eher fremd
und auch Gott kennt meinen Namen nicht
wehe dem der sich hier erkennt
ich nehme ein für allemal das Erbarmen in die
        Pflicht

der Tag findet nun ein Ende
und scheint auch froh darüber zu sein
bespitzelnde Wände

und ich scheine durch Ihre Wörter nicht frei
  zu sein

*Florian Aster (*1983)*

im licht

beton knast
gitter stahl
bricht herein
lichtes strahl
imaginationen
gänzlich frei
kommt herbei
butterfly
und davon
fly

in die not
in den tod
in die welt
komm zurück
my butterfly
vor den stahl
vor die gitter
bleib bei mir
sei mit mir
frei

Howard Ayles

Ich gehe…
An Artis (1979-1996)

Zum Abschied sagen sie mir nicht, dass wir uns
    noch sehen werden!
Sagen sie lieber nichts…Damit es so verbleibt,
    wie es war.
Halten sie ihre Tränen zurück – es lohnt sich
    nicht…
Bitten sie mich nicht, zu bleiben.
Ich werde meine Zeit wissen, wann ich zu
    gehen habe,
wegzugehen, aber nicht verschwinden.
Nicht verschwinden einfach so,
alles bleibt in den Blumen, in den Herzen und
    in den Erinnerungen.
Alles bleibt wie die Fußabdrücke im Sand,
wie ein Blick in den Spiegel und die Wörter
    eines Liedes in meinem Heft.
Wenn ich ohne Abschied weggehe, dann
    wissen sie,
wo sie mich suchen können!
Suchen sie mich in den Augen der Menschen
    und in den Herzen der Blumen.
Aber wenn sie mich nicht finden, dann wissen
    sie – ich bin in der Luft –
zusammen mit den Schmetterlingen,
ich bin mit ihnen in ihren Gedanken.

Und wenn du einmal doch weinen willst, dann
    weiß ich es –
wir werden uns treffen in unserem Paradies...

Laura Bakella (*1983)

Lebendig – Sein

Kreative Lebensphase
wächst mit
einer Feinspürnase.
Hochgeschätztes Elixier
Denkvermögen
auf Papier.
Wortgewählte
Kostbarkeiten.
Gedankenreichtum
Bücherseiten.
Die Wahrheit rückt
ins rechte Licht.
Sieht den Dingen
ins Gesicht.
Bewegende Bücher
dienen der Welt.
Umwerben Dich
verehrter Leseheld.

Es zählt allein
Lebendig – Sein.
Lebenslauf Glückauf.
Gütesiegel Harmonie.
Made in Germany.

Hilla Beils-Müller

Nur ein Traum

Ich hab so oft von dir geträumt
Und jedes Mal warst du im Traum mein Freund.
Dann bin ich aufgewacht
Hab meine Augen aufgemacht.
Doch ich hab die Sonne nicht gesehen
Da war nur Dunkelheit,
Zu jeder Nacht und Tageszeit.

Sag mir, was soll ich dir sagen?
Was erwartest du von mir?
Ich hab so viele Fragen
Und keine Antworten dafür.

Wenn du mich sehen willst,
Dann ist es abends,
Irgendwann wenn alles schläft
Und die Erinnerung dich quält.
Dann kommt dieses Gefühl zurück,
Dieses Gefühl von längst verlorenem Glück.
Weißt du noch, wie sich Liebe anfühlt?
Ich weiß es nicht.
Und dennoch lieb ich dich.
Ich lieb dich immer noch von ganzem Herzen,
doch mein ganzes Herz ist leer.

Irina Bejenar (*1995)

17

Dem LEBENDEN Tode

BEFINDLICHKEIT allen Ortes
von Bedeutung und vielfältig zu deuten:
Da WANDELN JENE,
welche zu wandeln vermögen
OHNE Anhang, ohne EMPFINDEN für sich.
SIE verwandeln Menschen mit ihrem Tun
zu einem TUN mit Menschenwirkung und
verbleiben dennoch für sich,
OHNE den so erweckten ANDEREN.
SIE verwandeln das TUN im Verschlossenen
zu einem Handeln im Außen, und
verweigern dennoch die Anverwandlung
des EIGENEN Selbst
zu einem dialogischen Gegenüber.

Sie verharren im FUNKTIONALEN Tun
OHNE ein LEBEN im emotionalen Austausch.

Sie sind BLIND sehenden Auges.
Sie sind LAHM mit rasendem Schritt.
Sie sind EINFÜHLSAM und dennoch
OHNE MITGEFÜHL für sich und den Anderen
LEBEN ist das EINE
Leben GELEBT zu haben bleibt ein völlig
anderer Aspekt für JENE der Kategorie
MENSCH mit Option auf Individualität.

Monja Ben Messaoud

18

Alles, was zählt…

eins mit dir und der Welt
schwebe ich im Sternenfeld
folge dem Mond in silberner Pracht
Spiralen kreisend durch die Nacht
gleite mit dir durch Raum und Zeit
tanze im Rhythmus der Ewigkeit
unendlich fern oder hautnah zu spüren
wo du auch bist, ich kann dich berühren
denn alles, was zählt für mich, bist du

Barbara Benthaus (*1960)

Leben

So wie jede Knospe danach strebt,
um wie eine wunderschöne Blüte aufzugehen,
und ihre Schönheit der Welt preiszugeben,
so versucht jedes Lebewesen
Zeit seines Lebens Erfüllung zu erreichen
und den eigenen Weg zum Glück zu
    beschreiten.
Das Leben ist ein Geschenk
Denn leben heißt, zu fühlen, die Liebe, die das
    Herz erfüllt,
der Schmerz, der einen innerlich zerreißt
und zu wissen, man wird gebraucht.

Denn alles auf der Welt
trägt seinen Teil dazu bei
sie in wahrer Schönheit und Reinheit
    erstrahlen zu lassen.
Jede Sekunde, jede Minute, jeder Tag
muss vollkommen ausgekostet werden
denn man hat nur eine Chance
um das Wunder des Lebens auf sich wirken zu
    lassen
und selbst ein Teil dieses Glücks zu werden.

*Philipp Berghoff (*1991)*

Alleine
im Café –

geht das?
es geht anders
wie geht es
mir?
anders
anders als
in der Cafeteria
der Klinik
anders
nach dem Milchkaffee
nicht wieder
zu dir
gehen zu können.
Alleine
ist nicht alleine.
Das Alleine
ist anders.
Milchschaum
mag ich
immer noch.
Milchkaffee schmeckt
anders alleine
anders.

Astrid Best-Botthof (*1961)

Alle Sehnsucht gestillt

Glaube nicht, Gott sieht nur dich
Glaube nicht, du bist ohne Liebe
Glaube nicht, Geld sei nicht wichtig
Glaube nicht, der Tod ist gnädig mit dir
Glaube nicht, dass nur Oswald Kennedy
    erschoss
Glaube nicht, nur du bist traurig
Glaube nicht, dass Tiere nichts empfinden,
Denn auch sie können weinen
Vielleicht nur alleine
So wie du, wenn du durch den Wald irrst
Und du glaubst man wird dich vergessen
Und nie finden
Denn in deiner Seele gibt es einen Ort
Den du nachts in deinen Träumen
Mit Liebe und Sehnsucht ausfüllen willst
Zu den Sternen fliegst,
Wo du „A whiter shade of pale" hörst
Glaube mir, wenn du wieder aufwachst
Wird die Sonne scheinen,
Und ich werde bei dir sein
Deine Sehnsucht demütig stillend.

Walter Blauditschek (*1965)

Du weißt, dass es so ist

Du lebst in einem Körper mit zwei Seelen,
Eigentlich wünschst du dir, Eine würde fehlen

Da gibt's die Eine, die ist gut
Durch sie schöpfst du immer wieder Mut

Da gibt's die Andere, die ist schlecht
Und du weißt eigentlich, nur die Gute hat
    Recht
Doch ist das so?
Wenn du es weißt, wieso ist sie trotzdem da?
Einfach so? Weil es eben so war?

Schalte sie doch ab, ist doch kein Problem,
Du weißt, es würde dir dann viel besser gehen
Doch ist das so?
Du weißt auch, dass sie dich einzigartig macht
Und mit jedem Gramm ein Feuer in dir
    entfacht
Doch ist das so?
Du weißt, durch dieses Feuer wird dir warm,
Doch du weißt auch, was dieses Feuer mit dir
    macht:
Dein Herz macht es arm

Hanna-Charlotte Blumroth vom Lehn (*1991)

23

Ein Funke in der Ewigkeit

Als Deine Blicke mich berührten,
Da schien die Zeit nicht mehr zu sein.
Als deine Lippen mich verführten,
Da war die Welt so licht und rein.

Dein wallend' Haar wog in den Winden,
wie Wolken hoch am Himmel sacht.
Und alles um dich schien zu schwinden
In überirdisch schöner Pracht.

So war's doch nur von kurzer Dauer,
Wie jedes Glück in dieser Welt;
Gleich dem hellen Sternenschauer,
Der nach dem Glühen zu Staub zerfällt.

Mir träumt', ich würde bei dir liegen,
Mit Dir bis in die Ewigkeit,
Und könnte deine Wärme spüren,
Die mich von allem Schmerz befreit.

Als ich erwachte aus dem Schlummer
Beim ersten goldenen Sonnenstrahl,
Da überkam mich großer Kummer;
Es war die Welt mir wieder fahl!

Christoph Bodnar (*1990)

Lebenskrise

Hin – und Hergerissen, mit sich ringend,
Emotionen und Gefühl bezwingend,
das Herz noch schlagend, doch so schwer,
die Seele inhaltslos und leer.

Quälender Schmerz bei Tag und Nacht,
kein Ausweg mehr, der Freude macht,
den Schritt ins Leben neu zu wagen,
ohne Kraft, nicht weiter getragen.

Einer nutzlosen Hülle gleichend,
der Strahl der Sonne in sich weichend,
auf seelenloser Wolke schwebend,
erschöpfend sich dem Nichts ergebend.

Ein letztes Zucken in Gedanken,
in körperlichem Beben schwankend,
verzehrend sich nach anderer Welt,
in der nur noch die Seele zählt.

Cornelia Boll (*1958)

Der Restaurator und das Bild aus Stein

Dein fernes Lächeln hat der Stein bewahrt.
Du lebtest vor dreitausend Jahren.
Als unerreichbar hab ich dich erfahren,
und ohne Zauber scheint die Gegenwart.

Ich bin noch jung, ich werde einsam sein,
gebannt von einem schönen Bild aus Stein,
das mir mein Leben stahl und rätselhaft
dich mir erhielt und neu in mir erschafft.

Geliebte, unverlierbar, nie berührt
erschüttert täglich neu mich dein Gesicht,
der Blick und die verhaltene Gebärde –

die große Stille, die dein Leben ist.
Seit du in meine Welt gekommen bist,
weiß ich, wonach ich stets mich sehnen werde.

Renate Bösel

Seiltänzers Nachtmahr

Seiltänzer tanz'
in schwindelnder Höh'
kein Schwindel, du tanzt
auf Mammons Dach
entrückt von der Welt
als winziger Punkt
keine Kraft zieht dich nieder
die Welt hätte den Atem angehalten
hätte sie es gewusst
Du schwebst über allem, fast allem
es vergehen die Stunden
Trance oder Rausch?
Ein Jet über Dir, schaust du nach oben?
Das Flugzeug wird wiederkommen
Unter dir
Hättest du nach unten geschaut?

Jahre vergehen, Zeilen wie Jahre
ein Stich in Mammons Herz
Die Türme bersten
Stützen unserer Welt
Mammons Dach brennt
Und wird sogleich stürzen
Staub zu Staub
Was bleibt ist dein Traum

Volker Brand (*1959)

Angekommen

Mit geschlossenen Augen
fühlen.

Mit zarten Händen
hören.

Deine Fragen
sehen.

Nicht mehr zweifeln.

Wir sind
bei uns
angekommen.

Eva Bräuer (*1962)

Arroganz

Welch sonderbar…gar knallig Blüte…
Sich nähret stolz…in Dummheit Pracht.
Wie rasch verkümmert…schnell verwelkt…
Noch ehe sie…ihr TUN bedacht.

Wer bei des Lebens…steilem Streben…
Des Nächsten nicht mehr…ist bedacht.
Wer Achtung…Anstand…längst vergessen…
Sich mit Gewalt…den Weg frei macht.

Wem Menschlichkeit…ein Fremdwort ist…
Wer nicht bereit…sich einzufühlen.
Nicht zuzuhören…zu verstehen.
Wer nur gelernt…im Dreck zu wühlen.

Wer glaubt…er würde groß…würd wachsen…
Indem er andere…kleiner macht.
Noch da er prahlt…weiß alles besser…
Nicht sieht…wie ihn die Welt verlacht.

Man ruf ihm zu…kehr um du Held…
Besinn dich…deines wahren Seins.
Auch du bist nur…gleich einem Wurm…
Vergänglich…nur ein Nu…der Zeit.

Peter S. Brimmers (*1945)

29

Der Friedhof

Es ist ruhig und friedlich an so einem Ort
nur das Läuten der Glocken bricht die Stille
die Menschen hier sind für immer fort
es war unseres Heilands Wille

Ein alter Mann er besucht seine Frau
er spricht zu ihr man hört es genau
er hätt` sie gern noch in seinen Armen
doch der Tod, er kennt kein Erbarmen
still legt er ihr die Blumen hin
betet für den Neubeginn

Es wird schon dunkel um ihn herum
und ein leichter Wind ist zu spüren
er fühlt, Gott kümmert sich schon bald darum
und er wird ihn dann zu ihr führen

Manuela Bröckl (*1971)

Freiheit

Freiheit ist ein großes Wort,
sie braucht viel Raum, ist hier und dort.

Sie befreit und lässt uns Flügel wachsen.
Doch manchmal treibt sie ihre Faxen
mit unseren Wünschen und Begehren,
lässt uns erkennen ihre Lehren.

Denn Freiheit ist nicht nur Genuss,
sie fordert und bringt auch Verdruss.
Einsamkeit, der Wunsch nach mehr,
treibt uns dann so vor sich her.

Doch wer gelernt hat, frei zu leben,
dem wird sie nur das Beste geben.
Ziele setzen und erreichen,
nicht gleich von der Stelle weichen.
Gelassen sein, Zufriedenheit,
mit der Freiheit gut gedeiht.

Freiheit gibt's in Variationen,
sie zu entdecken wird sich lohnen.
Lass' dich nicht von anderen schrecken,
den Freiheitssinn in dir zu wecken.
Sie zu bewahren braucht viel Mut,
denn Freiheit ist ein hohes Gut!

Anita Brunner

Ich hab so schön geträumt
die Nacht,
hab da den Lebenstag durchwacht,
die Schönheit, Welt, ist deine Nacht

Ich hab so gut geträumt.
Die Welt ist schön,
die über meinen Schlaf gewacht,
die Welt ist eine andre Nacht

Die Welt ist eine tiefre Nacht

Ich hab die Nacht geträumt,
die Nacht von ihrem Traum …
Nachtfunkeln – Stern für Stern,
und Fontänen, Kaskaden in der Nacht – fern

Joseph Buhl (*1948)

Sommerelegie

Am Ende des Sommers
nimmt die Sonne seufzend Abschied
in die hereinbrechende Dämmerung.
Sie hat sich müde geschienen an den
langen Stränden, wo Menschen vergeblich
das Glück und die Freiheit suchten.
Sie blickt nachdenklich in eine noch
blühende Landschaft, die unaufhaltsam
den stumpfen Farben des Herbstes weicht.

Am Ende des Sommers streifst du die
Sonne ab wie eine schuppige Haut,
die ihre Funktion verloren hat. Beklommenen
Herzens verbirgst du deine Augen, vor den
schräger werdenden Sonnenstrahlen,
wie ein müder Vogel, der den Kopf träge
unter sein Gefieder steckt.

Am Ende des Sommers erschauderst du
ängstlich angesichts der Vorboten der
herannahenden Dunkelheit. Kälte
schleicht sich in dein unruhiges Herz,
das beklommen in die Stille eines sich leise
herantastenden Herbsttages lauscht.

Johanna Cart (*1963)

Raum für Worte

Wort für Wort
Fülle ich jeden Raum
Mit meinen Gedanken
Mit meinen Gefühlen
Mit meinen Erinnerungen

Statt Möbel
Setze ich Worte in Szene
Rücke sie gerade
Versetze sie ein wenig
Damit sie gelesen
Damit sie gehört werden

Statt Tapeten
Male ich bunte Bilder an die Wände
Bilder von dir und mir
Damit sie gesehen werden
Kein Raum bleibt leer

Räume voller Liebe, Leben und Glück
Raum für mich
Raum für meine Worte

*Hatice Caska-Oehm (*1958)*

Sehnsucht

So oft schweifen meine Gedanken in die
Ferne. Ich möchte mein Leben in Thailand
zurück, nur zu gerne. Ein multikultes,
abenteuerliches, spannendes Leben.
Sonnenschein, Früchte, Düfte, viel hat das
Land zu geben.

Um die Ohren weht der Wind bei der
Motorradfahrt. Cola, Wasser, Reis,
Gemüse, Mittag gibt es für nur ein paar Baht.
Elefanten und Orchideenfarmen in den
Bergen, sind im Norden. Geisterhäuser,
Anbetungsstätten, Tempel der
buddhistischen Orden.

Inseln, weiße Strände, das weite Meer ist
im Süden. Wer Thai sprechen und lesen
will, muss viel üben. Zur Begrüßung beugt
man sich nach vorne und sagt: sawatdikah.
Sein Gesicht zu wahren ist alles: darum
Höflichkeit und stets koopkhunkah.

Viele Feste werden gefeiert mit Blumen,
Wasser und Licht. In der Regenzeit Mai
bis August hat man die beste Fernsicht.

Farben, Meisterwerke, Kunst und Pracht
hat das Land, doch darf man die Armut
nicht übersehen in Dörfern und am Stadtrand.

Reisbauern und Bergstämme haben oft
zum Leben nicht genug Reis. Es gibt kein
Geld für Schulbildung und so schließt sich
der Kreis. Dennoch bleibt das Lächeln auf dem
Thai Gesicht. Zusammen schaffen wir es,
dafür steht mein Gedicht.

LaSuzanne Castella (*1967)

Der Sommerurlaub

Soll der Urlaub ein Erlebnis sein,
so steck 'ne Menge Planung rein.
Frag die Liebsten was sie wollen,
sonst werden sie später schmollen.
Wir wollen Sonne in bester Lage,
nur das Fahrzeug ist die Frage.
Der erste Vorschlag ist schnell gemacht,
doch folgt die Antwort mit Bedacht:
Lass uns mit dem Zug verreisen.
Nein, der würde nur entgleisen!
Doch das Auto wäre prima.
Denk an unser Klima!
Sollen wir 'ne Kreuzfahrt drehn?
Das Schiff, es könnte untergehen!
Das Flugzeug bleibt die letzte Wahl.
Mit Flugangst ist das echt 'ne Qual!
So bleibt die Liege im eigenen Garten.
Wir können den Urlaub kaum erwarten!

Peter Christian (*1979)

Seit ich denken kann
hast du, Vater, mich wutentbrannt geschlagen
mit deinen großen Händen,
mit Kabelschnüren, Teppich-Ausklopfern
und Haselnussruten, die durch die Luft pfiffen,
bevor sie auf meinen Rücken niedersausten.
Es waren deine Füße, Mutter,
die auf meinen Körper, der am Boden lag,
hasserfüllt herumgetreten sind.
Ihr habt mich eingesperrt
hungernd in einem abgedunkeltem Zimmer
und mir beigebracht, wie wertlos ich sei.
Ich kam mir vor, wie eine Fremde…
jahrelang, Jahrzehnte lang.
Aber warum? Warum die Quälerei?
Welche Schuld sollte ich abtragen? –

Die Erde hat inzwischen
jede Antwort unter sich begraben…

Eve Colee´

Weil Worte uns halten

Die Stille aushalten,
wenn der Rummel
vergeht.

Sich im Mondlicht den Abschiedskuss
    schenken,
wenn Nachtwind uns streicht.
Auf ein Versprechen sich verlassen
und weich schlafen, weil Worte:

Betten bauen,
Liedern einen Sinn geben,
Welten schaffen wo Leere uns gähnt;

nachts loslassen
und den Worteweg gehen,
der uns nach hause führt.

Annette Creuz (*1975)

Unvergänglich

Ein Scherbenton, dann Staubgespinst.
So hilflos, unbedeicht,
vergänglichkeitsbelastet,
als Splitter einer Gottnatur
getarnt, der Mensch.

Im Lichtzopf, aber ungesalbt,
die Seele. Ihr Wellenschlag
im Luftvolumen kantig,
bis sie freigesungen, ewig
in der Oberstimme einer Botschaft
des Erlösers währt.

In der Seele aufgehoben
Das Bewusstsein unseres Selbst, der Welt,
Gefühle, Wille und Verstand,
unsterblich nur durch den, der uns
die Menschen, hat beseelt.

Renate Dalaun

Das kleine Glück

Meist wird es einfach übersehen,
man ist so sehr mit allem möglichen
beschäftigt, dass man das wesentliche einfach
    nicht sieht.
Die wirklichen Wunder des täglichen Lebens.
Sie klopfen jeden Tag an unsere Tür,
man sieht etwas, man spürt etwas,
man freut sich und lächelt und ist ruhig.
Ist es der Schmetterling auf der Blume?
Die Biene, die den Nektar sammelt?
Der kleine Vogel der uns ein Lied singt?
Das kleine Eichhörnchen, das von Baum zu
    Baum springt?
Ist es die Person, die mich anlächelt
und mir einen Guten Tag wünscht?
Ist es meine kleine Katze, die auf meinem
    Schoß schläft?
Oder bin ich es selbst, die aus der Kraft
der inneren Liebe das kleine Glück spürt?
Wieso warten wir auf das Große…
…wenn das kleine Glück so nah ist?
Es ist so einfach, so leicht,
einfach nur glücklich zu sein!

Ulrike Dekker (*1971)

41

Die Reise

Wenn der Mensch wird geboren,
ist er zum Dasein auserkoren.
Er wird eine lange Reise machen,
auf der er weinen wird und lachen.
In seinen ersten Lebensjahren
wird man ihn hüten und bewahren.
Dann wird die Reise weitergehen,
nun muss er auf seinen eignen Füßen stehen.
Jetzt muss er sich und der Welt beweisen,
dass er bestimmt die Richtung seiner Reisen.
An manchen Orten wird er gern verweilen,
an anderen aber schnell vorübereilen.
Er möchte gerne nur das Schöne sehn,
dem Schlechten lieber aus dem Weg gehn.
Oft ist diese Reise herrlich,
aber manchmal auch beschwerlich.
Der Mensch hofft am Ende seines Lebens,
dass seine Reise nicht vergebens.

*Anita Dickhaeuser (*1935)*

Lichtvogel

Du Starker, Milder, aus Flammen geboren –
Vogel-Weiser, der der Schwere entflieht,
der ganz im Stillen
wärme-, willen-
und licht-
durchglüht
endlich zerbricht,
was stumm ihn zwängte
und steinern bedrängte,
dass er sich schon glaubte verloren …

Den Himmel durchziehst du, durchmisst ihn
    nun weit –
Mild leuchtend strömt dein Signal
in Herzen, die hören
und die in schweren
Stunden offen
dem Strahl
still vertrauend selbst hoffen
auf flammende Wandlung zum Klaren und
    Reinen,
in welchem sich können Menschen vereinen,
aus Lüge, Ohnmacht und Hassen befreit.

Alma Diestel (*1953)

43

Eine Stunde im Himmel

Du schließest die Tür und ich gehe.
Der Druck deiner Umarmung, ich fühle
    ihn noch,
der beglückende Abschiedsgriff deiner
    liebenden Hand,
die Spur deiner Lippen auf meiner Wange.

Dir kann ich meinen Kummer erzählen.
Ich kann weinen und werde getröstet.
Ich erleide Schmerzen und werde geheilt.
Warum dauern die irdischen Himmel
    immer so kurz?

Götter der Liebe, euch habe ich kennen
    gelernt,
mit eurer Pfeile kurzlebigem Glücksgift,
das schmerzhaft verwundet.

Was wird aus mir heute Abend, wenn ich
    betend
dem Allmächtigen mein Tagwerk vorlege,
auf seinen Segen vertrauend?

Und werde ich schlafen?
Und was werde ich träumen?

Schmerz und Glück,
ich brauche beides zum Leben und Atmen

Hans Dilcher (*1936)

Glimmen

Da gab es die klare Vorlage
dass Mohnblumen rot
und Kornblumen blau zu sein hatten.
Es stand fest
dass jene Insulaner böse waren
und logen.
Zweifel wurden im Keim erstickt.
Da ging ein Zittern durch das Gefieder
kleine Lichtpfeile
schossen über den Himmel
ein Sehnen war zu erkennen
und eine Kornblume
leuchtete auf im Felde
so rot wie die Glut
die noch in der Asche glimmt.

Ingrid Dombros

Alles muss vergehen

Junge Liebe, alter Wein
und ein Kuss im Mondschein,
alles muss vergehen.
Heute dies und morgen das,
Zeit verrinnt wie Sand im Glas
und bleibt niemals stehen.

Was man denkt, ersehnt, erhofft,
das hält uns zum Narren oft,
wer will das bestreiten?
Wenig nützen Geld und Gut,
froher Sinn und frischer Mut
trägt uns durch die Zeiten.

Marta Dräbert

Falsch gegoogelt

Wir reisen gern und weit und oft,
die Welt ist kleiner, heutzutage.
Doch stellt sich dabei unverhofft,
so manchem hier und da 'ne Frage…

Wo will ich hin? Wo bin ich hier?
Wo bin ich diesmal nur gelandet?
Das Frühstück schmeckt wie Esspapier,
der Badestrand ist nicht besandet.

Es reden alle Suaheli,
gepflegtes Deutsch kann keiner hier!
Der dort sieht aus wie'n alter Yeti.
Wo ist mein Schnitzel? Wo mein Bier?

Wer früher in ein Land gereist,
der machte sich zuweilen schlauer
und schaute in ein Büchlein meist,
dann kannte er das Land genauer.

Heute wird nur schnell gegoogelt,
nicht nach dem Ziel, Last Minute mehr.
Das Wissen wird gekonnt verjubelt!
Und die Kultur? Sie leidet sehr.

Roland Drinhaus (*1964)

47

Der Crash

Grüne Wiesen, blaues Meer,
herrliche Welt rings um uns her.

Schroffe Felsen, glänzende Steine,
sind es Deine oder Meine?

Wem gehört diese einmalige Welt?
Wer darf herrschen über Flur und Feld?

Wer maßt sich an, all das sein Eigen
zu nennen?
Und oftmals seinen Nächsten nicht
zu kennen!

Wo Hochmut und Eitelkeiten herrschen,
sind selten Verstand und Herz dabei.

Will man doch nur den Anderen zerbrechen.
Ist es nur ein Mensch, dann ist es eh einerlei.

Fronten schaffen, selbst kassieren.
Eigentum raffen und Menschen frustrieren.

Lange schon kann man es spüren,
man lügt und tuschelt hinter den Türen.

Man schert sich wenig um Ehr und Gewissen.
Man stellt etwas dar, das soll jeder wissen.

Erst wenn alles ist unter Dach und Fach,
kommt der Crash, der große Krach.

Keiner ist es nun gewesen.
Jeder kehrt mit sauberen Besen
den Dreck zum Feinde hin.
Wie schlimm, wie schlimm!!

Ursula von Drygalski

Polarfahrt

Meinem Wissen wird entrissen
Gute Erde, grün und mild.
Und mein weiches Federkissen
Schwindet im Erinnerungsbild.

Wo du Einzug duftig süß
Hältst nach langen Zeiten,
Ich die kargsten Stunden büß,
Wo bedeckt all Weiden

Schwer mit Eis und neuem Schnee.
Wollst dich mir entfernen –
Und in meinem Innern weh
Brennen Nachtlaternen.

Glimmen schwächer, werden kalt,
Schnell, lasst mich hier ruhn!
Unter warmer Deck ich falt
Hände, die nichts mehr zu tun.

Nur der Geist treibt mich noch an,
Wo es um mich friert;
Wenn das Ende ist getan,
Mich die Heimat ziert.

Elke E. Edinger (*1953)

Kerker des Glücks

Dämmerung war aufgezogen,
rot auf wogend hellem Grund,
Sterne schienen mir gewogen,
und noch heller schien dein Mund.
Und dein Blick durchmisst die Säle,
die die Nacht schon still durchschwebt,
rauschend spielen Seelenwinde,
um mein Herz, das flackernd bebt.
Kühner Duft geht durch die Räume,
flammend' Licht versengt die Träume,
die ein Lied gar oft gewebt,
das in solchen Nächten immer
voller aus der Brunst mir schlägt.

Flammend' Licht, ja deine Augen
sind es, die mein Lied ergreifen
und es wie mit Seraphschwingen
hoch in Himmels Schwärze reißen.
Schwarzes Haar und zarter Nacken,
stolze Beine, süße Lippen,
und ein Herz, so steil wie Klippen
sind die Winden, die mich strecken,
sind die Ringe, die mich ketten,
um mich doch in manchen Stunden,
schaurig - schön ans Glück zu fesseln.

*Albert C. R. Eibl (*1990)*

51

Das neue Land

Lass uns aufbrechen
in ein neues Land
wo
unsere Worte
zarte Fährten sind
zum anderen
das Dunkel auch
wenn es denn aufbricht
einen Lichtsaum hat
wenn wir uns
aneinander lehnen
und vertrauen
wo
Ferne ist
nicht fern
weil unsere Liebe
Brücken baut
von Herz zu Herz

Lass uns aufbrechen
in das neue Land

Johannes Engewald (*1939)

Liebe

Die Liebe überfällt dich gnadenlos,
sie fordert alles, ist bedingungslos.

Vehement verfolgt sie ihre Ziele,
treibt dich in den Dschungel der Gefühle.

Die Klarheit der Gedanken geht verloren;
Liebe fragt nicht, bist wie neu geboren.

Liebe lässt nicht einfach los,
macht den Kummer dir sehr groß,

wenn sie nicht trifft auf Gegenliebe,
verzehrt sie dich und dir nur bliebe,

Enttäuschung, Trauer, großer Schmerz
Durchziehen qualvoll dir dein Herz.

Dennoch darfst du nicht verzagen,
solltest nach dem Sinn dich fragen.

Was hat das Schicksal mit mir vor,
öffnet sich ein neues Tor?

Nichts ist sinnlos und vergebens,
Eine Weisheit unseres Lebens!

Monika Erdmann

Für Tami

Mai, ein Monat voller Licht und Sonne,
die Zeit der Blüten und der Wonne.

Der 10. Mai jedoch ein Tag von Grauen!
Die Russen ließen einen Galgen bauen.
Vergessen die Freude am Tag der Kapitulation.
Die neuen Herren zeigten ihre Kräfte schon.
Ein armer Teufel wollte schützen Frau und
    Haus
vor zu viel Lust und Saus und Braus.
Bald schlugen bis zum Dach die Flammen,
sein Haus viel schnell in Schutt zusammen.
„Das war'n die Russen" schrie er verzweifelt
    dann.
„Du bist ein Lügner, deutscher Mann!
Und Lügnern muss es schlecht ergeh'n!
Das ganze Dorf soll deine Strafe seh'n!
Kinder, Alte, Groß und Klein
müssen bei der Erhängung sein!"

Mit 11 musste ich es erleben mit einem Blick,
wie sie brachen dem Familienvater das Genick.

Der Mai, ein Monat mit Sonne und Licht!
Am 10. Mai rinnen mir Tränen vom Gesicht.

Inge Fabricius-Glahé (*1939)

54

Powerhüte Poppig
(in Liebe für unsere Patenkinder in der Dritten Welt)
1980-2013

Sonnenschirme auf dem Vorplatz
Lächeln Menschen lauschen
Blühen Powerhüte poppig auf dem Feld
Lauschen Gesängen aus dem Zelt

„You must love GOD with all your heart"

Arme unter-
Drückte ausge-
Beutet Schwache

„You must love GOD with all your heart"

Wärme Liebe Wellen steigen auf
Zum Firmament –
In Händen schwarzen Silberkelche frisch
Polierte weit geöffnet in dem Zelt
Trinken Seelenströme alles Leid der Welt

Lauschen lächeln trinken alles Leid
Der Welt – Powerhüte poppig
Blühen auf dem Feld…

Regina Franziska Fischer (*1951)

Kleine Meditation

Einsame Nacht ist herb,
doch tränkt zu dieser Zeit
der Tau der Blumen. –
Habe einmal zwei Tropfen
am Rand einer Blüte geseh'n:
Als der Morgen grüßte,
gewahrten sie einander,
und gerieten vor Freude
ganz außer sich.
Da glitten beide
lautlos selig hinab
in die köstliche Tiefe
des bergenden Kelches,
und waren inniglich eins. –

Franz Fischereder

Kindergartengruppenausflug

Wusel, schlenker, plapper, quassel.
„Ihhh!", „Hallo!", erzähl und raschel.

„Schaut mal, da kommt der ICE!"
Wusch … weeh, Wusch … weeh, Wusch …
 weeh

„Ohhh, der ICE…", staun. „Ohh".
Wusch … wooh, Wusch … wooh, Wusch …
 wooh

Wusel, schlenker, plapper, quassel.
„Ihhh!", „Hallo!", erzähl und raschel.

„Achtung auf Bahnsteig 3!
Es hat Einfahrt die S-Bahn
in Richtung Bietigheim."

Uwe Flächsenhaar (*1955)

Die Reise

Die Reise in mein Innerstes
Lässt mich mit aller Welt verbunden sein
In ständiger Liebe, niemals allein.
Das Herz sieht in alles hinein.
Du bist mit mir, ich bin mit dir
Im Weltenkreis verbunden,
In unendlich weiter Liebe getragen,
So weit die Erde geht,
Und darum immer besteht.
Die Reise zu mir
Führt mich zu einem liebenden
    Himmelswesen.
Es leuchtet mir ein:
Die ganze Erde kann ein Paradies schon sein
So gut, so zärtlich, so friedlich und rein,
Ein neues Sein!
Überall kann Licht und Freude sein
Im Weltenkreis verbunden.
An die Liebe gebunden.
Die war zuerst gewesen und wird immer sein.
Das leuchtet doch ein!

Renate Fournier (*1953)

Ein Wanderer

Ein Wanderer nimmt seinen Stab
Und setzt aus, Ort nach Ort
Das himmlische Land zu erreichen,
Das der Herr seinen Erben gab.

Er wandert freudig gegen das Ziel,
Die Schultern drückt das Kreuz,
Das ihm als Galubenslast auferlegt
Und sein Wort den Weg vorgibt.

Die schwere Last zwingt ihn zum Ruhen,
Er kann nicht mehr, er nimmt sie ab,
Mit einer Säge kürzt er den Mittelstamm
Und kann mit festen Schritten ziehen.

Die Pilgerfahrt ist nun leicht und gut,
Er steht am Grenzfluss der Sühne
Und ein Bruder wirft sein langes Kreuz
Als trockene Brücke über die Flut.

Seins ist jedoch um Einiges zu kurz
Und er ruft den Bruder um Hilfe an,
Der: „Welchen Teil hast du abgesägt?"
Er: „Den der sozialen Verantwortung."

Udo Frentzen (*1948)
nach anonymer Quelle

Ein Traum

Es streifen durch die Winternacht
Die Wesen, die vom Wald bewacht'

Sie wandern, zieh'n hinfort
Ein Pilgerzug im Mondlicht
Auf dem Weg an einen Ort

Wo die Grenze fließt
Zwischen Realität und Fantasie
Wo sich Silberschein ergießt
Im Schnee
An der glitzernden Quelle der Magie.

Lina Friedrich (*1994)

Die Reise der Musik

Komm mit, sag' ich, an einen bess'ren Ort,
weit weg von hier, von allem fort,
schließ' die Augen, es ist ganz leicht.
Du zögerst kurz, ob das auch reicht?
Das fragst du mich, um weg zu gehen,
den Stress und die Sorgen nicht mehr zu
    sehen?
Nichts von dem schnellen Alltag zu spüren,
für den Moment ein anderes Leben zu führen?
Deine Gedanken frei zu lassen,
ohne das Hier und Jetzt zu verpassen,
in dem du dich sanft und ruhig nun wiegst
und fast wie im Traum dich jetzt begibst,
durch deine eigene Fantasie,
betäubt durch den Klang wie zuvor noch nie.

Allein der Musik gelingt diese Reise,
auf wundersame Art und Weise
den Zuhörer gefangen zu halten,
dort wo and're Prinzipien walten.
Sich frei zu fühlen, zufrieden zu sein
Im Rausch der MUSIK, du allein.

Lena Katherina Füller (*1994)

Tanzen, das heißt

Tanzen, das heißt:
Zwischen den Wipfeln wandern,
wo der Wind dich schaukelt.
Wohin er flüsternd fährt -

Auch zwischen die Stämme
des Waldes. Tag wie Nacht
finden hier ihr Licht. Und
an allem, was hier bricht,
zerschlägt es nicht.

Ein Hauch sinkt
und singt von Immergrün –
auch in den Armen des
atemlosen Baumes.

*Julia Fürst (*1991)*

Es ist schon eine Ewigkeit vergangen,
von dem Moment, als alles brach zusammen,
Als ich den Mut besaß um Dir zu sagen:
„Es geht nicht weiter so, es muss ein Ende
haben". Es ist nicht wahr:
„Die Zeit heilt alle Wunden",
Es ist nicht wahr: „Man fühlt sich wieder frei",
Es tut noch weh, ich hab's nicht überwunden,
Es tut noch weh und es ist nicht vorbei.
Ob ich soweit schon bin um zu vergeben, um
zu vertrauen und mein Leben weiter leben,
Das weiß ich nicht, die Hoffnung stirbt zuletzt,
Das weiß ich nicht, ich war zutiefst verletzt.
Es ist nicht wahr:
„Die Zeit heilt alle Wunden",
Es ist nicht wahr: „Man fühlt sich wieder frei",
Es tut noch weh, ich hab's nicht überwunden,
Es tut noch weh und es ist nicht vorbei.
Ich habe keine Zeit an Dich zu denken, und
dann in der Vergangenheit versenken,
Ich reise, schreibe, habe vieles vor, die Zukunft
ohne Dich lockt wie noch nie zuvor.
Es ist nicht wahr:
„Die Zeit heilt alle Wunden",
Es ist nicht wahr: „Man fühlt sich wieder frei",
Es tut noch weh, ich hab's nicht überwunden,
Es tut noch weh und es ist nicht vorbei.

Elfriede Galwas

Frühlingstage, längst vergangen

Die Vögel füllen den frühen Nachmittag mit
Ihrem Frühlingsgesang.
Noch Winterluft in den engen Räumen.
Stumm gehen die Leute herum, zeigen auf
die Sonne, ihr Blick ruht auf dem ausgetobten
    See.
Ich lege mein Leid auf die fremden Bäume,
gehe auf dem Uferweg, der noch vor kurzer
    Zeit in tiefem Frost erstarrte.
Ich möchte in die liebliche Sonne eintauchen,
schaue auf den längst verblühten Schilfgürtel
    vom vorigen Jahr, der der Sonne spöttisch
    ins Gesicht blickt.
Ich atme mit den Schreien der Wasservögel,
lehne mich zurück auf der verwitterten Bank,
denke mit kribbelndem Herzen an dich,
an längst verlorene Frühlingstage.

Katrin Ganz (*1955)

Wohin?

Dunkle Gestalten irren durch die Nacht,
ich frage sie nach dem Wohin.
Woher sie kommen, was sie dort gemacht.
„Was habt ihr vor, zu welchem Sinn?"
„Wer bist du, warum stellst du solche Fragen?
Ein Jedermann, der dort am Zaune steht?
Willst du in der Wildnis hier verzagen,
wo sich die Zeit nicht weiter dreht?"
„Warum bleibst du auf der Stelle steh'n?
Nützt dir so des neuen Tages Licht?
Komm mit, auch wenn wir noch nichts seh'n.
Was wir suchen, wissen wir noch nicht."

„Ohne Ziel geht ihr auf Wanderschaft?
Nach welchem Weg wollt ihr dann fragen,
wenn beim Suchen euch verlässt die Kraft
und Not und Elend müsst ertragen?
Zu spät ist es für mich noch nicht,
ich seh' mein Ziel, ihr seid nur Marionetten.
Ich könnte gehen, wenn der Tag anbricht,
doch zu stark sind meines Weibes Ketten."
„Du wagst es, nennst uns Marionetten,
ein Schwächling, angekettet und geknebelt?
Wer sollte dich aus diesen Zwängen retten,
wenn dein Geist vom Weiberduft umnebelt?"

Walter Gaubatz (*1930)

65

Jahreswechsel

Noch eine Stunde im alten Bunde
jährt sich banal zum siebten Mal
der Zellen geheimer Untergang.
Es dauert wohl nicht mehr allzu lang.
Zerstörung lässt mir schwarze Löcher,
genießt des Dramas steten Lauf,
fordert Opfer noch und nöcher,
setzt täglich neues Leid darauf.
Die Löcher sind gewaltig
und bewohnt von Ratten,
die des nachts mannigfaltig
mein Bett besuchen als deren Schatten
und meinen Schlaf behindern.
Licht sucht Schrecken zu lindern.
Vampire als Opfer des Lichts
aufgelöst in nichts.
Ich konstruiere Zwischenräume,
die schmerzfrei sind und dennoch schrein,
begeb' mich in die Welt der Träume
und lebe dort zu zweit allein.
Der Wille bricht leise und verlässt die Welt
müde von der Reise der Geist,
der nichts mehr hält.
In meiner Glieder angespannte Stille
kehrt endlich Ruhe ein.
So ist mein allerletzter Wille
und hört im Herzen auf zu sein.

Ort des Friedens

Das helle Jubilieren der Vögel im Frühling
das sanfte Orgelspiel des Waldes im Wind

das ruhelose Aufbegehren der sich stöhnend
und ächzend übereinander schiebenden Fels-

platten für den Zuwachs einiger Finger breiten
Raumes in der Tiefe der Erde das Wüten und

hoch sich aufwerfende Donnern der gepeinigten
Meere wer sich jetzt noch standhaft orientieren

und nach jedem Fallen wieder aufrichten kann
der trete vor und zeige mir die wahre freie Stätte
wo ich unbeschwert und friedlich träumen kann

Carlo Gianola (*1924)

Nicht wetterfest

Meine Gefühle nicht wetterfest
ungewollt dem Herbstnass ausgesetzt
starre fassungslos auf die Ruinen unseres
    Wolkenschlosses
einst von dir und mir bewohnt
in Nichts sich auflösend
Schnittstelle zwischen Himmel und Erde
zwischen dir und mir
die mein Herz teilt
bist meines Traumes Klagelied
lass' du die Morgenröte
mir den grauen Schleier nehmen
mich atmend in den jungen Tag entbinden.

Marlies Giesen

Es hügeln die Gärten

Mein Morgen haucht mit Quellen sanft,
Tanz in die Stimme gedreht.
Es hügeln die Gärten
drei Himmel am Tag.

Im Spinngeweb' der Leiberfinder sinnt.
Knickst du die Amsel vom Zweig
so soll dieser Tage nie enden.

Aus der Weisen Fügung –
windgewebt das Sonett.
Ein Strom voll Mysterien
hat mich durchschwommen.

Ich bring dir Tüten voll mit Fürsten
und stürme durch all deine Reime –
mit Triumph im Liebesgeflecht.

Ich erwache in dir,
du trägst mich dicht,
ganz dicht, überweht…

Ein Netz voll Narrenlos reißt.
Mein himbeerreicher Tag vergeht,
es ascht in mir.
So werd ich immer vergangen sein.

Ronny Goerner (*1941)

Wegfindungen

Ob du je zu deinem inneren Kern gelangst,
ist noch ungewiss.
Doch sind dies Zeichen auf dem Weg zu dir:
Vom Herzen her zu leben,
mit deinen Gefühlen verbunden.

Gold und Königswürde
in dir selbst zu spüren,
in Einheit mit Himmel und Erde.

Als König oder Königin
dann Ja zu sagen zu dem Stern der Sterne,
der du verborgen längst schon bist.

Von Menschenfurcht und Meinung
mehr und mehr sich lösen,
von Menschen auch, die dich
für sich benützen, solange du ihr Bild erfüllst.

Für Freunde da sein, die dir Freiraum sind
und Atemraum für Strom und Energie.

So wirst du aufrecht gehen,
Sinn und Weg zu finden,
wo du den Glanz des Wunderbaren hebst,
der in dir liegt und Liebe lebst.

Peter Goes (*1940)

Jetzt habe ich dich gefunden

– die Urweltsekunde steckt in deinem

Haar – und endlich hört mich
wer…
Kaputtes ist kaputt, da kann man gar
nichts machen
ich sehe die eine Urweltsekunde
glühen und schillern – alles stimmt.

Lutz Götzmann (*1963)

Herbst

Blätter wirbeln durch die Luft, leuchtend wie
ein Regenbogen. Zeugen der Vergänglichkeit
in unserem Menschenleben. Vögel zieh'n gen
Süden, künden an die kalte Zeit. Gerne würd'
ich ihnen folgen in ein Land, wo die Sonne
    scheint.

In der klaren Morgenbrise
flattert silbernes Gespinst.
Tropfen glitzern in der Wiese,
bis die Sonne sie sich nimmt.

Über bunt belaubten Hügeln
purzeln Schmetterlinge im Wind.
Auf den taubelad'nen Flügeln
brechen goldenrot geschwind
nun die letzten Sonnenstrahlen.

Mensch, bedenk' auch du dein Leben,
stehst nun selber schon im Herbst,
hast vielleicht dein ganzes Wesen
weggegeben für mehr Geld.

Schau dich um in der Natur, schau mit offenen
Augen. Wahre Schätze liegen hier,
Schätze, die nicht sind zu kaufen.

Wolfgang Gregorszewski (*1960)

Lerne...

Lerne zu warten, es stärkt die Geduld,
lerne zu warten, es tilgt manche Schuld.

Lerne zu warten, es dient deiner Kraft,
lerne zu warten, weil es Liebe erschafft.

Lerne zu warten, es gibt dir den Mut,
lerne zu warten, es macht vieles gut.

Lerne zu warten, stumm wie ein Stein,
lerne zu warten, willst selbst wie er sein.

Lerne zu warten, wenn alle sich wenden,
lerne zu warten, das Werk zu vollenden.

Lerne zu warten, von Kind an, ganz klein.
Lerne zu warten, es bringt dir das Ansehen,
die Größe und Ehre unweigerlich ein!

Werner Greitschus

Ich hatte einen Traum oder Was wäre wenn?

Was wäre, wenn alle Waffen weltweit
    schwiegen?
Was wäre, wenn sich alle Menschen lieben?
Was wäre, wenn der Hass verschwände?
Was wäre, wenn sich niemand mehr der Not
    abwende?
Was wäre, wenn Söhne nicht mehr sterben
    müssen?
Was wäre, wenn die Menschen den Tag ohne
    Angst begrüßen?
Das wäre!
Genügend Geld gegen Krankheit und
    Hungersnot!
Die Menschen vereint, alle in einem Boot!
Toleranz zwischen Hindus, Buddhisten, Juden
und Christen, Islamisten, Atheisten, Daoisten
und auch Kommunisten!
Brüderlichkeit und Frieden in den Hütten und
    Palästen!
Kinder auf der ganzen Welt, die satt zu essen
    hätten!
Mütter, die ihre Kinder lieben dürfen, statt sie
    einem Irrsinn opfern müssen!
Es wäre ein Paradies auf Erden, wenn alle
    Menschen Brüder werden!

*Uwe Volker Grenz (*1944)*

74

Festgedanken

Weihnachten, ein Fest der Liebe,
jeder sieht sich nach Geschenken um.
Was das wichtigste wohl wäre,
geht man freundlich miteinander um.
Ich wünsche mir von ganzem Herzen
Gesundheit nie mehr Hunger auf der Welt.
Jeder trägt Frieden im Herzen und Frieden
in die ganze Welt.

Brunhild Greschat

Wer wüsste es?

Der Herbst wartet nicht
des Sommers bunte Früchte
reifen, verfallen
wie als Beleg für unsere Müh'

Terrassen und Straßencafés veröden
kalter Regen rinnt
dringt durch Gewand und Seele
treibt dich ins Innerste
Wärme suchend

Melancholie und Todesgedanken
wann folgt die Furcht
oder ist es letzte Hoffnung?

Kahl und fahl wirkt alle Welt als Schemen
der Stürme Peitsche erschlägt den Tag
bald folgt des Winters Starre

Endpunkt oder Neubeginn?

Neuer Tag, neues Jahr
keiner weiß
ob er dazugehört

Hartmut Grossmann (*1930)

Sprung in den Morgen

Er taucht ein in den frühen Morgen,
in einen neuen Tag ohne Sorgen,
atmet ein die erfrischende Luft,
die erfüllt ist von der Blumen Duft.

Er hüpft hinein in seine grüne Welt,
über ihm das azurblaue Himmelszelt.
Freude erfüllt sein kleines, tapferes Herz,
das kennt weder Mühsal noch Schmerz.

Köstliche Gräser streicheln seine Glieder,
betörend ist der Duft des weißen Flieder.
Ein bunter Schmetterling kreuzt seinen Weg,
ein Blütenstängel wird zu einem Steg.

Noch einmal atmet er ganz tief ein,
der Sprung, er wird ein gewaltiger sein.
Und dann springt er hinein in die Luft,
zu den herrlichen Blüten und ihrem Duft.

Er springt, er fliegt der Sonne entgegen,
der grüne Dschungel ist voller Leben.
Er fliegt, wenn auch in Gedanken nur,
ein kleiner Grashüpfer, ein Geschenk der
    Natur.

Arno Häcker

Ge-teil-te Aufmerksamkeit

Du, mein Mann, hast meine ge-teil-te
Aufmerksamkeit. Ich vertieft in die
Wochenplanung und du
erzählst vom Stress im Büro.

Du, mein Sohn, hast meine ge-teil-te
Aufmerksamkeit. Ich am Kochen und du
berichtest vom Streit in der Schule.

Du, meine Tochter, hast meine ge-teil-te
Aufmerksamkeit. Ich sortiere Wäsche und du
klagst über dein uncooles Outfit.

Du, meine Freundin, hast meine ge-teil-te
Aufmerksamkeit. Ich am Computer telefoniere
und du weinst, eure Ehe zerbricht.

Du, mein Ich, brauchst ungeteilte
Aufmerksamkeit: Ganz bei mir sein oder
ganz bei dir oder dir oder dir,
sollte genug sein und
ungeteilt!

Anja Hagemann-Becker (*1963)

Die Gedanken sind frei

Im Sozialismus herrschten Grenzen wie Blei.
Die Gedanken jedoch waren frei.
Es war weiß Gott nicht alles besser.
Doch Nachbarn stritten nicht bis aufs Messer.
Wir haben den Sozialismusversuch erlebt.
Mancher hat die Freunde ausgespäht.
Und trotzdem blieb es dabei.
Die Gedanken sind frei!
Dieses hohe Gut verehren wir sehr.
Doch mancher war Bundespräsident
und hat dabei die Pressefreiheit verpennt.
Andere liebten Plagiate
und vergaßen die Zitate.
Sie hängen nur so an ihren Posten.
Das finde ich voll zum Kotz…!
Bald ist wieder Bundestagswahl –
welch eine Qual.
Wen soll man heutzutage wählen?
Ohne sein Gewissen zu quälen.
Doch die Gedanken sind frei –
Joh mei!!!

Jens Hamprecht (*1966)

Der Dichter

Der Dichter ist der Menschheit Brunnen,
in den so manche Träne fällt,
und unsere Augen werden lichter
durch Glanz, den er in Händen hält.

Erahnt er doch, was uns verdrießet,
erfühlet er des Menschen Schmerz.
Macht er nicht, dass die Liebe fließet
in unser tränenschweres Herz?

Beugt er sich nicht vor manchem Bilde
und bittet für uns Linderung?
Irrt er nicht durch der Welt Gefilde
und fraget nach des Wehs Warum?

Sucht er denn nicht für uns den Frieden,
da ihm sein eigen Ich nichts wert,
und er mit seinem ganzen Lieben
für unser Glück sich selbst verzehrt?

Drum weiset ihm ein wenig Güte
für seine Lieb' euch zugetan,
denn seines Liedes Herzensblüte
kann nur erglüh'n auf eurer Bahn.

Trutz Hardo

Endlos

Die Gezeiten der Ewigkeit sind beständiger
     Wandel:

Altes vergeht und Neues entsteht,
Junges wird alt und Altes verweht.

Die Wasser der Erde nehmen und bringen,
Winde verwehen und Stürme verklingen.

Die Sonne bringt Leben und lässt es vergehen,
die Feuer im Innern lassen Länder entstehen.

Alles was Jetzt, ist morgen vergangen,
Zukunft in waberndem Nebel verhangen.

Die Gezeiten der Ewigkeit sind beständiger
     Wandel…

Daniela Hasky

Nasskalt

Ein Kirschkern den du ausgespuckt
ruht jetzt in deiner Hand
die Süße mit der Frucht verschluckt
bezeugt das nackte Band

denn unterm Kirschbaum schworst du mir
der Liebe Treueschwur
und was davon noch übrigblieb
trägt eine feuchte Spur.

Sigrun Maria Hassel

Sehende Füße

Das war eine schlimme Zeit,
wochenlang nur Eis und Pfützen.
Frühling schien noch meilenweit,
selbst mein weißer Stock war nicht bereit,
mich auf glattem Grund zu stützen.

Endlich wächst es überall,
Strauch und Blumen sprießen.
Jeden Grashalm möcht' ich grüßen.
Weiche Wiesen sind mein liebster Fall,
denn ich sehe Frühling
                    mit den Füßen!

Hans-Georg Heike (*1933)

Wo die Liebe wohnt

Dort wo die Liebe wohnt,
da sind wir zu Haus'.
Wir werden dort mit Glück belohnt
und wachsen weit hinaus.

Ein jeder kann der Größte sein.
Er braucht sein Herz dazu.
Es fühlt und sieht für dich allein
und zeigt dir, „Der bist Du!"

Du bist allein nur einmal hier.
Du bist der Beste, den es gibt.
Kein andrer steht über oder unter dir,
wenn dein Herz wirklich liebt.

Dann hat das Leben einen Sinn,
denn was ich kann und weiß,
das gebe ich mit Liebe hin,
die Kraft im Lebenskreis.

So fühlt sich's an, „Ich liebe mich."
Ich werde reich belohnt.
Denn, was ich brauche, habe ich,
HIER, wo die Liebe wohnt.

Kerstin Heinemann

Das Panorama

Ich fahr auf der Autobahn,
seh' die Landschaft mir heut an.
Ich stoppe in einer Haltebucht,
was ich da seh, das ist ne Wucht.

Ein Panorama sonders Gleichen,
mein Blick möchte davon nicht weichen.
Azurblau, sonnendurchflutetes Nass.
schau noch immer vom Autobahnpass.

Die Palmen spielen im seichten Wind,
der Strand voll Menschen und auch das Kind.
Das ist der Sommer pur am Strand,
dahinter eine Frühlingswand.

Ein kleiner Berg hintern Blumenflair,
ein farbenfroh braun, grün und das Meer.
Frühling, Sommer und des herbstes Bunt,
schau in die Jahreszeitenrund.

Die Berge ragen ins Himmelszelt,
schneebedeckt die Bergeswelt.
Der Winter in des Berges Spitzen,
Tu 'in Vierjahreszeiten sitzen.

Karin Hempel (*1956)

Reise in die Ewigkeit

Meine liebe Sr. Maria,
du warst Lehrerin und Nonne,
hattest ein strahlendes, freundliches Lächeln.
Bedachtsame Besorgtheit mit dem
    Mitmenschen.
Interesse für Kultur und Kunst.

Der Tag, der alles änderte, begann mit einem
    schlimmen Sturz.
Deine leichten Bewegungen wurden jetzt
    mühsam.
Dazu ein schwerer Schlaganfall, der dich ans
    Sterbebett fesselte.

Ich streichelte deine weißen Haare,
tröstete mit Worten und Gebet,
doch dein Mund blieb stumm.

Als die Fenster geöffnet wurden,
klang das Geläut der Kirchenglocken in den
    Raum –
Das waren seltsam feierliche Augenblicke.

Plötzlich öffnetest du deine Augen
und mit einem Lächeln begann deine Reise in
    die Ewigkeit.

Anni Hermann

86

Dunkelheit

Schließe deine Augen
und sag mir, was du siehst!
Du siehst nichts, denn es ist dunkel
und in solch einer Dunkelheit lebe ich!
Es ist dunkel, kalt und einsam.
Doch auf einmal kamst du in mein Leben
und am Horizont erschien ein Licht.
Doch dieses Licht wird klein und kleiner
bis es wieder erlischt
und dieselbe Dunkelheit herrscht, wie vorher.
In dieser Dunkelheit
werde ich zu Grunde gehen.
Und du bist der Einzige,
der dies verhindern kann.

Bitte rette mich, ich liebe dich

Anjalie Herrmann (*1986)

Zerstörendes Warten

Die Sonne kracht auf meine Kathedralen,
ich sehne mich nach Wasserexplosion,
die Dächer dampfen unter Hitzequalen,
Tonpfannen reißen stellenweise schon.

Die großen Orgeln drängen drohend sich
    nach draußen,
bebend zittert staubig das Gebälk,
windstille Blicke, die nach Entsetzen
    ausseh'n,
im Schlosspark trocknen alle Rosen welk.

Giggelnd kichern lauernde Chimären,
jederzeit gewagt zum Sprung bereit,
wenn sie erstarren wird sich alles klären,
doch ist es wohl noch lange nicht soweit.

Wann kommt er, der erlösend kalte
    Schauer,
die seufzend leichte Briese und der frühe
    klare Tau?
Dann streich' ich sanft das Moos im
    Schatten an der Mauer,
wie lang' noch quält die Zeit, wartet sich
    meine Seele rauh?

Britta Heusinger von Waldegg (*1964)

88

Liebe

Als du mir sagtest, ich liebe dich,
wurdest du nicht einmal rot dabei.
Wahrscheinlich hast du in diesem
    Augenblick,
in diesem unwahrscheinlichen Augenblick,
sogar daran geglaubt.

Als ich dir sagte, ich liebe dich nicht,
wurde ich nicht einmal rot dabei.
Wahrscheinlich habe ich in diesem
    Augenblick,
in diesem unwahrscheinlichen Augenblick,
sogar daran geglaubt!

aber

gelogen haben wir beide!

*Gideon HK (*1941)*

du bei mir

dein kopf an meiner brust
meine arme dich fassen
wie gut du so ruhst
können das küssen nicht lassen

bei dir liegen, ganz dicht
den tag zu ende träumen
mond löscht aus sein licht
verschwindet hinter bäumen

still ist die nacht
dein leib so wohlig warm
dein atem geht sacht
du schläfst in meinem arm

Volker Hofmann (*1941)

Ich wünsche dir…

Ruhe, die dich mit einem Samtkleid schmückt,
welches du erst wieder ablegen sollst, wenn alle
Gäste deiner Gedanken ausgelassen
mit dir getanzt haben.

Anmut, die du nicht nur in der äußerlichen
Schönheit, sondern auch hinter dem ehrlichen
Lächeln eines liebevollen Menschen
finden kannst.

Stärke, die du auf dem Präsentierteller
    bekommst.
Die Wahl der Menge und des Geschmacks
darfst du natürlich selbst auswählen.

Sina Holst (*1994)

Der Weltenbummler

Er ist mal hier, er ist mal dort,
wird er gebraucht, dann ist er fort.
Er war in Japan, Indien, Bali,
jetzt schwärmt er von der Göttin Kali.

In Grönland war er Gast bei einem Eskimo
und schlief im Iglu stets auf Mattenstroh.
Man küsste sich dort Nas' an Nas',
das machte ihm besond'ren Spaß.

In Mexico gefiel's ihm am Besten,
hier konnte er Montezumas Rache testen.
Mit einem alten Atztekenmädel
bestieg er den Popocatepetl.
Am Titicaca-See ging er spazieren,
durfte jedoch keine Zeit verlieren.

Für Australien, Europa und den Rest der Welt,
hat er sich ein Fahrrad bestellt.
Die Erde wollte er in 80 Tagen umrunden,
dabei hat er im Himalaja den Yeti gefunden.
Er blieb dort, um sein Geheimnis zu erkunden.

Brigitte Horn

Gesang

Aus
weiter Kehle
vom Atem
gestützt
die Seele
schwingt

Heidi Huber (*1945)

Die Würde des Menschen ist unantastbar!
Schlagzeilen

Grundgesetz – Verfassung- Menschenwürde
Abhörung – Videoüberwachung – Meineid
Würde verletzt! Mensch – wo bist du?

Bootsflüchtlinge – Krieg – Vertreibung
Piraten – Geiselnahme – Lösegeld
Würde verletzt! Mensch – wo bist du?

Opel – Scheffler – Bankenkrise
Stellenabbau – Insolvenz – Gier
Würde verletzt! Mensch – wo bist du?

Welthandel – Drittländer – Afrika
Regenwald – Unterdrückung – Ausbeutung
Würde verletzt! Mensch – wo bist du?

Versteckt in lähmender Amnesie?
Höre ich Gottes Ruf noch: „Mensch – wo bist
    du?"
Antworte ich: „Hier bin ich?"

Hanna B. Hurst

94

Ich könnt mancher Zeit…

ich könnt' auf allerlei Gedanken kommen
kekse, die durchs Weltall fliegen
konturen, her herum verschwommen
hunde, die rücken an rücken auf
    schiffsrümpfen liegen

der zeiger der uhr, er bewegt sich rückwärts
hat man so etwas schon einmal gesehen
spür ich, sprudelnd blut fließt durch mein herz
ich probier' starr kopfüber zu gehen

irrigkeiten, die von mir besitz ergreifen
superblumen all herum
äpfel, die an laternen reifen
schau' ich nach draußen: es schreit die sonne

am achten tage der nebel kehrt wieder
sonderbar, schleier am gülden bein
hoch vom berge die steine rollen nieder
erhobene teller mit bedecktem wein

schon irrig und seltsam einher
der geist ist weit auf der reise
an realität kränkelnd gar schwer
meine gedanken mancher tags kommen eben
    auf diese weise

Tanja Ingruber (*1980)

95

Das Lied der blauen Meise

Eine kleine blaue Meise
sitzt auf einem Baum
und besingt in liebster Weise
ihren schönsten Traum.

Singt von grünen Wiesen
und von tiefen Wäldern,
von Bächen die dort fließen
und von weiten Feldern.

Erzählt von einem Land so fern
in dem alle Tiere friedlich leben.
Ihr Blick zieht hin zum Abendstern,
um dann traurig fort zu schweben.

*Natunika Jarow (*1973)*

Unterwegs

Der Großstädter der seinen Wohnsitz
nach draußen verlegt manchmal für immer
Diesmal war's die Farm in Lehen
Die Sonntagsblasmusik aus den Gärten des
    Vereins
riss aus dem Schlaf den alternden Jungen
der die versuchte Revolution der 60er – Jahre
beinah verpasste.

Wieder auf Reisen die Familie Viererbande
Treffpunkt Gare de l'Est oder ähnliches
    Monstrum
War fast schon dort doch alle Rolltreppen
    Fahrstühle
führten hinaus auf die Straße und ich sah
den schwarzen Palast fern und unerreichbar
Schon waren es Abhänge Schneefelder die ich
    passierte
So oft ich auch fragte kein Weg den ich
    einschlug
führte zum Schloss.

Wolfgang Jatz (*1947)

Einmal Hölle und retour

Spuren
Im Sand.
Spuren im Leben.
Unfreiwillig hinterlassen, unsicher taumelnd.
Leben.

Strampelnd
Im Treibsand
Meiner unendlichen Seelenwüste.
Gefangen in mir selbst.
Ewigkeit.

(Ver-)Zweifeln
am Leben.
Flucht gen Tod.
Die Angst ist groß.
Entscheidungsnot.

Spät
Aber doch.
Erwacht aus Alpträumen.
Einmal Hölle und retour.
Aufwachen.

Anna Jell (*1985)

Reise ins Licht

Vom ewigen Licht
in das der Welt geboren,
einst ging Wahrheit fast verloren.
Des Herzens unstillbar' Verlangen
mit Angst und Hader, Schatten rangen.

Seelensehnsucht, zarter Duft,
erst leis' dann laut im Inner'n ruft.

Geöffnet ward das Tor
als das Niedere verlor
über meines Lebens Macht.
Angekommen, ja – erwacht
daheim im wohlbekannten, hohen Licht,
aus dem auf immer Liebe spricht.

Sandra Maria Johansen

Authentist

Die Welt, in der du lebst, ist deine.
Die Spiegelbilder sind bizarr.
Sie spiegeln deiner Sehnsucht Schönheit,
der zu sein, der niemals war.

Erstarrt in diesem Glanz der Bilder
verliebst du dich ganz klar und rein
sonnst dich im Abbild deiner Liebe,
es könnte niemals anders sein.

Im Freudentaumel deiner Liebe
ergreifst du jene fremde Hand,
die liebend sich legt in die deine,
und du versinkst im heißen Sand.

Meine Liebe muss sich trennen
und sie wartet Jahr für Jahr.
Setz' das Mosaik zusammen,
werde der, der niemals war.

Gerlinde Jung (*1968)

Feuchtwangen - Ein Kleinod in Mittelfranken

Im Sulzachgrund, am Rand der Frankenhöhe,
nicht weit von Dinkelsbühl – ein Kleinod liegt.
Von weiten Feldern, Wäldern rings umgeben,
an Weihern sich das Schilf im Winde wiegt.

Im Feengold Fluss und Wiesen glitzern;
die Stadt liegt still im Morgenlicht.
Im nahen Kreuzgang: Vogelzwitschern;
in dunklen Gassen brennt schon Licht.

Der Marktplatz, Brunnen, Tor und Türme
sind Zeugen alter Herrlichkeit.
Über der Stadt liegt wie ein Zauber
die Schönheit längst versunkener Zeit.

Die Sonne wirft ihr Gold auf Dächer, Giebel;
taucht Kirchen, Türme in ihr helles Licht.
Der Wind weht Glockenklang herüber;
ein Kleinod golden glänzt im Sonnenlicht.

Wilhelm Kaiser (*1947)

Das Foto

Ein Bild von dir,
wie gut du aussiehst
mir wird schwindelig
mir wird schlecht
ein Stich ins Herz.

Ein Bild von dir,
alles kommt wieder hoch
der Schmerz ist wieder da
da sind sie wieder, die Gefühle.

Ein Bild von dir,
ich vermisse dich
ich verfluche dich
ich liebte dich
ich hasse dich.

Ein Bild von dir,
mir wird klar, wie verliebt ich war
mir wird klar, wie dumm ich war
mir wird bewusst, dass dies aufhören muss.

Ein Bild von dir,
ich zerreiße es!

Janine Kandelbinder (*1981)

Wir waren weit mehr als Vermählte

Nicht Neigung allein
besiegelt von heiligen Handlungen –

Nicht nur Geschlecht,
noch die Anmut
des anderen Menschenteils –

Heimat nicht, noch Gewohnheit,
noch die flinken Versprechen
der Augen, der Stimme –

Es war: Einswerden Sehnens
aus vielen Geschlechtern,
es war die Verschmelzung von Seelen
so, wie hinieden sie Wesen
nur seltenst zuteil wird!

Fühlten wir beide umsonst
aus Dir her, aus mir her,
paradiesisch, Durchdringen
des heimlichsten Innern? –

Schritt nicht der GEIST
seit der ersten Begegnung,
mit jedem Treffen
verwandter Regung,

mit jedem freudig
bestätigten Wort,
prinzlich allein
als Vermittler,
hin, zum endgültigen Bund? –

Ver-Einung, in Folge,
nicht von tausend Sorgen zerschlissen,
noch von Fülle der Künste
listig leitender
Abkühlung –

Bis Ermannung
stets reifender Stimme
sie – zuerst doch
Deinem Verdienst –
erlodern ließ!

J.J. Kariger (*1925)

Lebenszyklus

Ringsum sind Wände nur weiß
Der Gedankenfluss reduziert
Allein der Schmerz ist's, der mich beherrscht.

Doch dann, inmitten der Nacht,
Durchdringt ein hämisches Lachen den Raum.
Die Alte von nebenan zerwühlt ihre Laken.
Sie schaukelt den kleinen Galgen,
zum Halten gedacht, in stetigem Rhythmus.

Mir träumt von wilden Affen im Zoo.
Als plötzlich, ein Lachen, ganz nah
mich erschreckt.
Es ist die Alte und vollständig nackt.
So sitzt sie auf meinem Bett.
„Hä, hä!" sie lacht und dann
ruft sie laut: „Das bin nicht ich!
Es ist eine andere Frau."

Barbara Karim-Lawani (*1960)

105

Freiheit

Geboren in Freiheit,
gezwungen zur Einheit.
Geboren zum Leben,
gezwungen zum Streben.

Geboren zum Handeln,
gezwungen zum Siegen.
Geboren zum Wandeln,
gezwungen zum Kriegen.

Nils Katzur (*1992)

Kinderlied

Wiese, Wald und Löwenzahn
Liegen in der Sonne.
Fängt der Wald zu brennen an,
rettet ihn der Feuermann
mit seiner Regentonne.

Wiese, Wald und Löwenzahn
Stehen in dem Regen.
Fängt der Wald zu husten an,
kann ihn doch der Regenmann
ins warme Bettchen legen.

Wiese, Wald und Löwenzahn
Schütteln sich im Winde.
Fängt der Wald zu brechen an,
tötet ihn der Automann
und sammelt Holz und Rinde.

Klaus Kayser

Licht

Umgeben von der Kälte, steinhart, klar die
Wahrheit, die das Licht in hellen Farben bricht.

Eindringlich spiegelt sich die leuchtende
Vielfalt in meinem erstarrten Gesicht.

Geblendet von der Schönheit durchdringt die
Energie des bunten Lichts mein innerstes Ich.

Wärmende Ströme schmelzen, brechen die
    Starre,
die mich fest im Griff, gefühllos, gebunden
    hatte.

Zaghaft fließt die Lebenskraft, löst langsam,
unverhofft, schaffende Liebesmacht.

Lars Keller (*1970)

Ein banges Herz ersehnt sich tröstend Schein

Ein Winter herrscht in meinem Tal,
er deckt es zu mit weißem Kleid.
Das Leben dort ist eine Qual,
kein wärmend Strahl erlöst das Leid.

Ich leb' in diesem weißen Tal,
mein Herz ist voller Sorgen.
Im Kopfe quirlt des Herzens Qual,
als gäb' es keinen Morgen.

Verzweiflung drückt des Lebens Mut.
wie wird das alles enden?
Ein tröstend Wort, es tät so gut,
ein Lichtlein mir zu spenden.

Es muss nicht immer Sonne sein,
die tiefste Finsternis erhellt
ein banges Herz beglückt der Schein,
der wärmend sich zu ihm gesellt.

Was drückt so schwer, was ist die Last,
die dräuend meine Sinn' beschwert?
Nicht Leere ist bei mir zu Gast,
die Fülle mir den Schein verwehrt.

Hilmar K. Klages (*1929)

109

Literatur

Es stellt sich die Frage in der Literatur,
wohin soll sie führen, die gelegte Spur?
Soll sie die Leser nur unterhalten,
oder politische Meinungen spalten?

Wie könnte man etwas den Vorzug geben,
wo doch beides gleichwertig ist im Leben.
Meine persönliche Meinung dazu:
Für mich als Autor gibt's kein Tabu.

Wenn ich wirklich gut schreiben kann,
kommen meine Botschaften immer an.
Es gibt keine Grenze, ich hab nur ein Ziel:
Ich muss wissen, was ich vermitteln will.

Das schließt auch politische Inhalte ein,
warum nicht schreiben, was ist und soll sein.
Zu verstehen die Kunst, mit Worten zu lenken,
über Geschriebenes gleichzeitig nachzudenken.

Obschon zugleich Leser hat geprägt meine
Sicht, was zu schwer verständlich, das liest
man oft nicht. Und möchte ich als Autor,
dass man mich versteht, so bleibt mir nur eins:
Ich muss wissen, wie es geht.

Sabine Kloiber (*1962)

Phantomgefecht

Rastlos die Zeit der Namen wacht
für jede schlimme Tat
Gefahren gleich der schwarzen Nacht
stürmen das Tor Verrat

Hilflos im Kampf die Wahrheit weicht
für jedes Glück ein Hauch
nur Hoffnung bis ans Ende reicht
versteckt im Trümmerrauch

Freudlos sogleich die Fahne weht
für jeden guten Rat
dunkel der Mensch durchs Leben geht
gespannt vors Schicksalsrad

Mutlos lindert Siegen die Wucht
für jedes brave Ziel
zu schwer sich trägt die Diebesfrucht
gepflückt bei Mondes Spiel

Grundlos der Dank dem schönen Wicht
für jeden harten Fleiß
vorbei die Pein bei Tageslicht
bezahlt mit hohem Preis

Andreas Küffner (*1987)

Gegenwart IV

Verbohrtheit im Knochenhaufen
umgeben von zügellosem Fleisch
der Schlachtbank so nah
weit entfernt dem Himmelsreich
sind wir nur Konsumschlampen
definiert in Statussymbolen
der Ablenkung wegen
und wenn wir fallen
erhört niemand den Aufprall
wir folgen weiter dem Messias
dem Ruf der bedruckten Scheine
dem silbernen Glanz
um Dinge anzuhäufen
um uns zu betäuben
zum Seelenheil hin
doch finden wir es nicht
alles was wir finden
ist eine strahlende Maske
wir nennen sie Angesicht

Werner Lutz Kunze (*1979)

Fünfzehn

Mein Sohn, du entfernst dich von mir
und denkst,
wenn du deine Straße
nur immer geradeaus gehst,
kommst du weit genug fort. –
Die Erde ist rund, mein Sohn.
Ich warte.

Jutta Landes (*1945)

Über die etwas andere Art, Wände
hochzugehen

Der Groll in mir, er tobte sehr,
und wurde größer, mehr und mehr.

So groß, bis schließlich ich erkannte,
es war sehr unnütz, dass ich rannte.

Denn jede Wand, die ich erklommen,
ich fiel sie runter, ganz benommen.

Drum dachte ich – in mir, geheim,
das eine könnt' die Lösung sein:

Anstatt die Wände hoch zu gehen,
will ich sie einfach übersehen.

Denn eines ist mir völlig klar,
dass auch die Wand mal eben war.

Agnes Lanz (*1987)

Wenn die Seele stirbt

Kein Schrei ist zu hören, keine blutenden
Wunden, von keinem bemerkt,
von niemanden verbunden.

Einsam ist ihr Ende, still lautlos ihr Tod.
Unbemerkt und allein gelassen in ihrer größten
    Not.

Das Herz schließt seine Türen, für keinen
    mehr bereit,
Sehnsucht, Hoffnung und Liebe,
alles ist verloren und unendlich weit.

Wer schenkt ihr Trost, hat Mitleid, steht zur
    Seite beim Sterben?
Keiner kann helfen, sie ist allein und einsam,
    verwelkt im Verderben.

Die Hülle lebt weiter, so als ob nichts gewesen.
Niemand wird es sehen, aber langsam stirbt
    auch das Wesen.

Die Winde stehen still, die Farben sind stumpf,
die Wasser versiegen, zurück bleibt lebloser
    Sumpf.

Die Sonne wird dunkel, das Glück beendet
den Tanz.
Es verstummen die Wörter, die Augen
verlieren den Glanz.

Das Leben geht weiter, zurück bleibt
schmerzende Qual.
Die Seele stirbt langsam, lautlos, und hat doch
keine Wahl.

Die Liebe könnte sie retten, brächte den Glanz
in die Augen zurück.
Die Farben könnten leuchten, strahlend und
hell, zurück käme das Glück.

Doch die Liebe hat Ängste, zerbricht in ihrer
Not.
Die Seele stirbt langsam und leise, ganz lautlos
ihr Tot.

Mathias Lettner (*1962)

Drei Briefe an Renate Reiche Große

Der Nächsten-Kreis wird mit den Jahren
enger. auf den einzigen Empfänger kommt es
an, vielleicht auf ein Geflüster, wie im Wahn:

„Wenn meine Seele die Zweifel beschleichen –
gerade zu Zeiten von Tag und Nachtgleichen –
liege ich auf dem Sand, ohne Kissen im
Nacken. In solchen Nächten versagen die
Uhren! Die steinige Wüste, voll von
Dreiecken. Trapeze und Linien.
Bodengravuren. Schwebende Vögel mit
komischen Krallen. Was ist der Sinn von
seltsamen Spiralen? Dieses Geheimnis…
    Ist es zu knacken?"

„Die Zeichen, die hier vor 'ner Ewigkeit
ruhten, werden ausgetreten: Der Leguan, der
Walfisch ohne Gräten…
Ja, ja, die neuen Touristenrouten.
Reisende kommen. Zu welchen Zwecken?
Möchte ich sie anlocken? Interesse erwecken?"

„Wenn bloß deine Ankunft nahte… Ich zeigte
dir den Dschungel und Mäander. Wir haben
noch viel übrig für einander. Du würdest sie
lieben, die heißen Gesteine.

Kämest du, reisten wir auch nach Rio.
Bleib unversehrt, meine Renate!
Deine Maria"

Evgenia V. Levina

Sternengeflimmer

Sternengeflimmer – Sternengesang!
O heilige Nächte – die Welt ist so bang!
Wohl leuchtet die Sonne am Tage so hell,
doch eilt sie dahin – die Nacht kommt so
    schnell!

Oh, betet, ihr Herzen,
dass CHRISTUS jetzt kommt!
Oh, betet mit Schmerzen
und seid wahrhaft fromm!
Die Nacht wird zum Tage,
wenn ER nun erscheint!
So lasset die Klage!
Den Tod nicht beweint!

Sternengeflimmer – Sterne im Glanz!
Oh, sehet doch alle den goldenen Kranz!
Es kommet die Stunde, wo CHRISTUS
    ersteht,
wo feurig SEIN Ruf an alle ergeht!

Sternengeflimmer schaust du zur Nacht!
O göttlicher Garten, erblühe mit Macht!
Es warten die Schnitter, zur Ernte bereit!
Ja, vorwärts, ihr Brüder, im heiligen Streit!

Limanel (*1941)

Der Trunk der Gämse

Es gibt da eine Gämse,
die trinkt gern aus der Themse.
Am Rhein, das weiß der Gedichtverfasser,
da schlürft sie oftmals Kölnisch Wasser.

Doch in den Alpen ist's am besten:
Dort kommt aus den Gletscherresten
Wasser, das ist rein und wunderbar.
Es rinnt in die Gämsen-Kehle kristall-klar.

Panta rhei – alles fließt!
Und die Gämse? Die genießt!

*Jörg Löwenstein (*1959)*

Die Reise

Der Tag beginnt so wunderschön:
Ich will doch heut' auf Reisen geh'n!
Mein Urlaubsziel ist die Türkei,
Worauf ich mich seit Wochen freu'!
Im Koffer ist schon alles drin,
Die Blümchen gießt die Nachbarin!
Schnell noch das Taxi informiert,
Zum Aufzug nun, der mich nach unten führt,
Vom dritten Stock ins Erdgeschoss.
Doch ach, was ist da heute los?
Der Aufzug stoppt, lässt mich nicht raus,
Ich löse den Alarmknopf aus,
Laut schlag ich an die Aufzugtür
Und rufe: Bitte öffnet mir!
Die Zeit verrinnt, es ist verrückt,
Bis endlich die Befreiung glückt:
Kein Taxi mehr, das auf mich wartet,
Und auch mein Flieger ist bereits gestartet!
Doch hatt' ich trotzdem Glück, wenn man
   bedenkt:
Die Reise hatte man mir ja geschenkt!

Gisela Lübke-Scharnke (*1925)

Die Reise

Die Reise gebucht,
den Koffer gepackt,
den Wecker gestellt,
das Taxi bestellt.

Die Reise beginnt,
der Mensch begreift,
die Seele berührt,
der Weg befreit.

das Wasser erfrischt,
den Wind verspürt,
das Ziel erfasst,
das Weite versucht.

Die Steine gesammelt,
die Blicke gefesselt,
die Ruhe gefunden,
das Gefühl gebunden.

Die Träume gewagt,
das Foto geschossen,
die Reise genossen,
das Glück getankt?

Karin Lüders (*1958)

Cäsium – 137

Sie hatten die Sonne eingepackt
da war noch alles unter Kontrolle.

Hohl starrt der Kubus
so ein verbrannter Ikarus
macht einfach keine gute Figur
sind recht kühle Sätze aber die Brühe
tanzt sich heiß durch Risse Wasser
pressen schlürfen wer löffelt
die Suppe aus?

Schritt für Schritt
in die nächste Schicht nachts
schenkt mir einer weiße Lilien
mit einer Handvoll Zeit die
durchs Zählrohr
fällt.

Sitze weit unter meiner Haut
auf heißen Stäben.

Guido Luft (*1955)

Der Schutzengel

Am Tag und auch in dunkler Nacht,
ein Engel an deiner Seite wacht!

Er weint mit dir und manchmal er lacht
und hat schon ganz viel mitgemacht!

Er gibt dir stets die Sicherheit
in guter wie in schlechter Zeit
und wohnt in Deiner Geborgenheit!

Auf allen Reisen will er Dich begleiten
und gemeinsam des Weges schreiten!

Voll Liebe in seinem Herzen,
entzündet er Engelskerzen
und verbannt des Menschen Schmerzen!

Ob von körperlicher oder seelischer Natur,
die Wunden heilen durch die Liebe nur!

Claudia Maier (*1980)

Ernte

Äpfel lachen
aus den Steigen
und im Speicher
ruht die Saat.

Nebel steigen,
Mähder schweigen,
jeder ahnt
ein Winter naht.

Blätter legen
sich zum Schlafe
In der Erde
müdes Grab:

nur der Wurzelstock,
der brave,
kennt noch nicht,
des Schnitters Maht.

*Alberta-Mangutsch-Lindsberg (*1935)*

Steine aus der Erde

Fragst du nach der Rose der Nacht!
Du findest sie im steinernen Garten!
Sie wächst verborgen an einer Mauer,
über die niemand lacht!
Sie steht da, um viele Jahre zu warten!

Und dieser Garten ist umgeben von
verschlungenen Ranken!
Dass niemand je richtig hineinsehen kann!
Diese Rose steht da, ohne zu erkranken!
Zeitlos, bis irgendwann!

Diese Rose hat sicher noch niemals jemand
entdeckt!
Weil sie sich vor der Welt versteckt!

Doch sollte man sich aufmachen,
diese Rose zu finden!
Versuchen über Grenzen und diese Mauer zu
schauen! Und daran glauben,
dass der Zauber dieser Rose die Welt könnte
verbinden!
Und keine Mauer mehr, zu hoch zu bauen!

Doch diese Rose, sie bleibt wie unentdeckt!
Sie hat die Menschen noch nicht aufgeweckt!

Denn in diesem steinernen Garten,
wachsen Steine aus der Erde!
Wie Findlinge und raue Gestalten!
Sind hart und unnachgiebig,
wie störrische Pferde!
Man kann sie nicht halten, sie erkalten!

Doch diese verborgene Rose steht dort,
Jahr für Jahr! Behauptet sich in diesem Garten,
ihre Geste ist hilfreich und sauber!
Um sie herum stehen die Steine in ihrer Schar!
Sie lächelt sie an, mit ihrem Zauber!

Diese Rose ist so rein und unbefleckt!
Und die Welt hat sie noch nicht entdeckt!

So wird sie weiter stehen in diesem Garten!
Jahr für Jahr, weil sie die Vereinigung von
Verständnis und Liebe ist!
Wird jemand diese Rose je finden,
weil die Menschheit auf Vereinigung immer
wird warten!
Denn dies hat die Welt immer schon vermisst!
Dieses Kleinod ist groß für die Welt,
dass hoffentlich die Menschheit nie vergisst!

Illa Manzius (*1937)

127

Zeitgeister

Soviel Wut ist zu vermelden
Zuviel Verlierer, wenig Helden

Soviel Schönes zu betrachten
Zuviel Tand gilt's zu verachten

Soviel Wissen treibt die Menschen
Zuviel Zorn verführt zum Hassen

Soviel Glauben führt in die Irre
Zuviel Hochmut macht uns kirre

Soviele Träumer auf der Suche
Zuviel Spott in einem Buche

Soviele Wege sind zu beschreiten
Zuviele Ziele zu erstreiten

Soviel Sinn gilt's zu erkennen
Zuviel Mammon zu verbrennen

Soviele Süchte zu benennen
Zuviel Selbstsucht zu erkennen

Soviel Liebe, frei von Zwängen
Zuviel Elend zu verdrängen
soviel – viel zu viel

Jules Otto Mehrfl

Ein Traum

Umarm'
Im
Vers
Die
Welt
Sodann
Wirst
Du
Poet
Und
Heißt
Er
Denn
Nicht
„LIEB'!"
Was
Reichte
Und
Was
Trieb'?!...

Stoyan Minev

Weltenrausch

wie ein Vogel frei sein
bedenke es gut
Geliebte verlassen
töricht, dein Mut

diese Welt erblicken
und doch nichts sehn
an Einsamkeit ersticken
geistig Mord begehn

jene Freunde vermissen
Stützpfeiler Himmelsgewölb
unnötig Tränen vergießen
alleingelassener Held

am Ende nur noch
Liebe sehnend begehrt
und schlussendlich doch
glücklich heimgekehrt

Manuel Mitterlehner (*1995)

Die Liebe ist stärker als der Tod

Die Liebe ist stärker als der Tod!
Die Liebe trägt uns durchs Leben, auch durch
    Leid und Not!
Die Liebe ist das, was wir zum Leben nötig
    haben!
Sie ist wichtiger als alle anderen Lebensgaben!

Die Liebe lässt – das manchmal schwere –
    Leben uns ertragen!
Wer liebt, der kann glücklich sein – an allen
    Tagen!
Mit der Liebe lässt sich das Kreuz des Lebens
    überwinden!
Und nur mit der Liebe lässt sich der Sinn des
    Lebens finden!

Die Liebe gibt uns wohl die Kraft auch für
andere Menschen jetzt zu leiden!
Nur wer wirklich liebt – kann den sinnlosen
    Hass vermeiden!
Die Liebe verzeiht verzeiht, wo die Verzeihung
    oft nicht möglich ist!
Wer liebt – der ist es, der das Böse was wurd'
    ihm getan – auch einmal vergisst!

Die Liebe hofft auch in der Hoffnungslosigkeit!

Und lebt für eine bessere Welt und Zeit!
Es scheint „unmenschlich" eine solche Liebe
    als Mensch zu haben!
Sie ist ein Geschenk für uns, sie kommt allein
    von Gott – gehört zu seinen Gaben!

Deshalb kann sie helfen bei jedem Leid und
    jeder Not!
Und deshalb ist sie auch viel stärker als der
    Tod!
Die Liebe glaubt an das Gute, das niemals vom
    Bösen wird besiegt!
Und hofft, dass auch ein Sinn in der
    Weltgeschichte liegt!

Dass sich vollendet alles – und dereinst von
der Liebe dann durchdrungen wird!
Und sich der Prophet, der den Untergang
    vorhersagt, irrt!
Bemühen wir uns um diese Liebe im Gebet!
Und tun das, was erforderlich, bis unser Leben
    einst zu Ende geht!
Und wir umfangen werden von der ewigen
    Liebe dann – am Himmelstor
Das wünscht Euch allen Euer Dichter
    Lui van de Moor(e)

Lui van de Moor(e)

Glück beglückt den Tüchtigen
Sucht nach dem Richtigen
Durch sein Wollen und Wagen
Wichtiges oft schweres Tragen
Viel Kraft zeigt bei den Dingen
Bringen möchte zum Gelingen
Möglichkeiten sich ergeben
Sie erkennen – sie beleben
Geerdet Leben – mit dem Gut
der Wahrheit und dem Mut
Hanteln dir dein Leben baut
Trotz Gewichte nach Vorne schaut
Gerade noch sehr traurig war
Traurig – in die Zukunft sah
Plötzlich fällt das Schwere weg
Du kommst heraus aus dem Leck
Es findet sich mit all den Sorgen
Für die Zukunft ein guter Morgen
Garantie – das Leben nicht gibt
Alles kommt – was man liebt

Gisela Mozer

133

Nix mehr

Herzklopfen. –
Er kommt die Treppe hoch!
Groß, harmlos aussehend, –
der Gerichtsvollzieher!
Fragen über Fragen,
Würde schleichend nehmend, –
unterschreiben.
Zwangsvollstreckung!
Das Ende?

Schuldner demoralisieren,
der Bankenton wird schroff und schroffer,
verletzend, achtlos, fordern, fordern,
hohe Zinsen.
Immer wieder,
Tag für Tag, gelbe Briefe.
Angst! –
Die Sonne scheint nicht mehr!

40 Jahre gearbeitet –
aber,
kein Geld, kein Mensch.
Nichts wert!

Grundrechte in Deutschland!

Margarete Mut (*1950)

Das Kreuz

Es steht alleine am Wegesrand und ist
    sich seiner Last müde
trotz seiner vielen Brüder und Schwestern
ist es kreuzunglücklich.
Es würde am liebsten zu Kreuze kriechen
um seine Last, den gekreuzigten
    heiligen Mann loszuwerden.
Wer spricht denn schon von seinem Zwilling
    dem keltischen Kreuz
oder seinem Bruder dem Andreaskreuz
oder seiner Schwester dem Warnkreuz?
Nein, es steht alleine
    mit seiner doppelten Last:
dem Gewicht des heiligen Mannes
sowie der Last der Geschichte immer wieder
    im Zentrum der Wahrnehmung anderer
und es wird von Betrachtern mit deren
    Leiden, Tränen, Angst
    und Verzweiflung überschüttet!
In seiner wahren Natur völlig verkannt
kann es nur heimlich davon träumen, alle
    Himmelsrichtungen auszukundschaften,
ein Wegweiser für Neugierige zu sein,
etwas zu kreuzen, damit etwas Neues
    geschaffen werden kann;

Sich wünschen mit bunten Bändern
    an Armen und Beinen,
die als Fähnchen lustig im Wind wehen,
Freude spendend Richtungen aufzeigend,
um damit heimlich sein Dasein
    genießen zu können.

Christa Muths

Einkehr

Richte Dich auf Dich,
nicht auf den and'ren aus,
geh' in Dich, Dein inn'res Haus.
Bleib' bei Dir und hör' die Worte,
die für Dich bestimmt,
welche führ'n Dich an die Orte,
wo das Flämmchen glimmt,
Dich führt in Deine tiefe Weite und Du Dich
raus, nach außen dehnst,
in der Welten Breite.

Ina Müller (*1968)

Sprachlos

Im dunklen Labyrinth der Sprache
irren wir hilflos umher,
nach Worten suchend,
um Unsagbares zu sagen.

Blind tappen wir aneinander vorbei,
getrennt durch die Dornenhecke der Worte,
Dornen, die verwunden können
bis tief ins blutende Herz.

Doch zuweilen fällt
in den umschatteten Hag
ein Lichtstrahl von oben,
der eine Brücke baut
von Auge zu Auge –
dann erkennen wir einander
jenseits der Worte,
die von uns fallen
wie welkes Laub von den Bäumen,
und uns zu Verstehenden macht
für einen Augenblick –
jenseits der Sprache
im Irrgarten der Liebe.

Eva Münz

Erinnern

Jede Ecke
hält an einer
Straße,
deren Namen sie nicht weiß.
Keiner schaut
hin,
keiner kommt
vorbei,
alles steht still.
Ruhe vor dem
Erkennen.
Mühsames
Vergessen.
Erschreckendes
Erinnern.

Heidi Naumann (*1951)

Schlussfolgerung

Die Freude wächst proportional
mit dem Erwarten deines
Daseins

Der Schmerz wächst proportional
mit der Dauer deines
Fortseins

Daraus folgt:
Der einzige Weg aus dieser
Passion ist das Vermeiden
dieses Zusammenseins

Der Schmerz bliebe aus
Die Freude auch

Ines Nowak-Dannoritzer (*1963)

An Eleonore

Dich nur sehen und versinken
in der Augen Seelengrund;
tief gefangen, fest verschlungen
in des Blickes Zauberbund.

Dich berühren – sich verlieren
in des Körpers Atemfeld,
ganz verhaftet, eingeschmieget
deines Leibes Schönheitswelt.

Dich dann küssen und ertrinken
in der Lippen Seelenschlund;
leicht umfasst und zart gebunden
von des Mundes Labsalsgrund.

Dich beglücken und entheben
dieser Erden engem Zelt,
aufgestiegen, frei entflogen
aus der Zeiten Geltungswelt.

Ingo Nuss

Erinnerung

Fetzen Flusen Spinngewebe
kreuz und quer durchs ganze Leben
gibst du dich da selbst hinein
wird bizarr das Erdensein

Was sich da als Nachbar meldet
hat kaum ein gemeinsam Band
als dass du dich d'ran erinnerst
und als Teil von dir erkannt

Du bist selbst des Puzzles Macher
doch nur Blitze tauchen auf
Zeit und Raum sind aufgehoben
Reales sein ist längst verraucht

Mancher Dolchstoß trifft noch heute
zieht dich fort aus Gegenwart
schmerzhaft weint die alte Seele
manche Wunde nie vernarbt

staunend trifft das Wirklichsein
dich noch immer überlebend
was kann denn Erinn'rung sein
wenn nicht doch das Glück des Lebens

Hertaldis Offermann (*1944)

Der Rhein

Dort unten wallt noch traulich Leben,
strömt und gluckst wie ehedem;
das Wasser soll mir Nahrung geben,
seine Dämpfe, Uferlehm.

Weiches Gras und feuchte Moose,
Strudel, Schwaden, treibend Holz,
alles Chaos, scheinbar lose;
das erfüllt mich, macht mich stolz.

Das ist Atem, Fruchtbarkeit,
Altvertrautes, Wiederkehr,
Energie und Ehrlichkeit,
Aufgetautes, wachsend Meer.

Ja, so wühlt seit Urgezeiten
ungebremst der stolze Strom,
lässt die Massen talwärts gleiten,
rauscht und wirbelt breit davon.

Ach, beneidenswerter Rhein,
wie glücklich kannst du streben;
ich könnte auch so kraftvoll sein,
wüsst' ich den Sinn für's Leben.

Philipp Ortmann (*1962)

rückkehr des alten fischers

wellenschläge, frech, plätschernd auf alte
bootsdielen, gemächlich schaukeln sie über
    trauernde meeresseelen,
im tiefen gestein krakeelen unmerklich
    lebendige Hummer,
der kopf des alten gebeugt, so scheint's, vom
    eigenen Kummer.

heidekraut wiegelt am hang gar zart im
    nächtlichen duftchor,
ein dunkles rufen, das einst im tosen des meers
sich verlor, dümpelt herauf im blassen
    erinnern,
verklingend im tod; auflächelnd freudig, so
    wähnt man den alten in not.

im alten körper versteckt ja hinter ruppig'
    gewebe
und unter schroffer haut, wie felsen geprägt
von der Zeit, zeugt muskelbetonte form von
    einstiger jugendlichkeit,
das boot sucht blindlings noch auf vertrauliche
    küstengestade.

ein morscher kahn am leiderfüllten meeresfluss

einsam, leer liegt das netz darin, es ist kein
    erkürlicher fang;
mit charon wandert nun entfahrene seele
    gemeinsam, den greisen fischer findet ein
tuckernder trawler im tang.

Paolo Parisi (*1979)

Reisen

Reisen

Auf dem Weg zu mir

Ich suche mich
Und ich finde dich

Spuren aus deiner
Vergangenheit

Finde ich

Antworten auf
Ungestellte Fragen

Doch wo bin ich?

Pashiba

Das Währende

Auf das Währende hat man früher vertraut,
die Zukunft der Kinder in Form von Bildung
und Wertpapieren darauf aufgebaut.
Das Währende ist heute out.

Das Währende musste dem Wechsel weichen,
man sieht in den einst'gen Werten keinen
    Sinn:
Der Wechsel ist heut in.

Wir älteren tragen das Währende noch in uns,
    es ist unser Halt,
die Sprache, die Erziehung, doch das lässt die
jüngeren kalt, wir konnten uns ihnen nicht
    öffnen, schon gar nicht mit Gewalt.

Das Währende von Echtholz ist dem Furnier
    gewichen,
unsere Rechnungen werden heute nur noch
mit Zinn oder Papier beglichen,
auf Gold- und Silberwährungen mussten wir
    längst verzichten.

Das Währende erhält sich vielleicht noch in
    der Architektur,
denn auch ein Klimawechsel vollzieht sich in

der Natur. Von Einsicht und Rücksicht fehlt
    jede Spur.

Das gelebte Währende erfordert Toleranz,
    kann nicht wild sprießen,
doch viele Menschen wollen jeden Tag etwas
Neues zum Genießen. Inzwischen wissen wir,
auf dem Planeten Erde ist alles am Fließen.

Die klassische Musik hat etwas Währendes
    und bis heute überlebt.
Vom Währenden seid Ihr weit entfernt, wenn
    Ihr die Erde übergebt.
Das Währende verbirgt und schützt ein jeder
    tief im Innern – bis er geht…

Heidi Petersen (*1937)

Ein Baby schreit in Dur

All die Asche-Tonnen Knochen,
soviel Hoffnungen zerbrochen.
Schreie aus den wunden Kehlen,
wohin sind all die Seelen.

Erde, unser Massengrab.
Wo find ich meinen Stab
mit dem wir springen.
Nein, nicht wir – ich hör ein Singen,
jeder seinen eigenen Gesang.
Die Unterschiede sind im Klang.
So findet jeder seinen Ton,
doch keiner besteigt den Thron.
Wir sind nicht Herr – wir bleiben Knecht,
wir sind nicht gut, wir sind nicht schlecht.
Wir sind in uns, das was wir waren
in all den tausenden von Jahren.
Und werden wieder Zukunft sein,
fangen an von vorn ganz klein,
getrennt von einer Nabelschnur:
Ein Baby schreit in Dur.

*Heiner-Michael Platner (*1949)*

Eine Quelle

Wie aus einer heißen Quelle,
kann ich schöpfen tief in mir,
überkommt mich eine Welle,
in der ich manchmal mich verlier!

Sodass buchstäblich ich versinke,
in goldener Gedankenflut,
hineintauche und fast ertrinke,
wenn sich eine Idee auftut.

Ich lass mich in der Tiefe treiben,
wie im Fluss, ganz mitgerissen,
will ich schöpfen, dichten, schreiben,
von Herzen und nach bestem Wissen.

Ich bin den Worten treu ergeben,
daraus wird sich der Satz gestalten
und sich im Vers schließlich erheben,
um im Gedicht sich zu entfalten!

Wie aus einer heißen Quelle,
aus der so vieles sich ergießt,
schöpfe ich an dieser Stelle,
aus einem Fluss, der immer fließt.

Martina Elisabeth Pössel (*1962)

Wie spät?

Der Wecker klingelt, raus aus dem Bett
Halber Apfel zum Frühstück,
der macht nicht fett
Ab ins Bad, das Ausseh'n macht's
Headset am Ohr, immer: tags und nachts
Wie spät?

Im Auto durch die Stadt,
alles voll und alles rot
Kaffee von Starbucks, Geschwapper = Not
Hallo hier und hallo da,
gleich an den Rechner ran
Arial 10, 100 Seiten, heutiger Tagesplan
Wie Spät?

Mittag fällt aus, ein Keks tut's auch
Nächstes Meeting,
zweimal durch den Pausenrauch
Zusatzauftrag? Na klar, kein Ding!
Sie haben Post, Meldung, Termin – Wie Spät?

Endlich still, allein Zuhaus'
Auf Nichts mehr Lust, das Licht schon aus
Aspirin und ein Schluck Wein
Morgen wird's das Gleiche sein – Zu Spät?

Anna Juliane Rämisch

Am Deich

Die Schafe blöken und blicken vom Deich
zum Internetcafe.
Drinnen sitzen zwei Knaben, so jung und so
    bleich
und einer murmelt: Ich seh'
die Wellen sich türmen! Die Insel in Not!
Verdammt! Können wir uns noch retten?
Der andere Knabe treibt längst schon tot
im Tsunami und sucht Zigaretten.
Und während die Insel im Cyberspace
verschluckt wird von eiskalter See,
genießen die Schafe die Spätsommersonne
und kauen den Deichwiesenklee.

Reiner Rebscher (*1949)

Novembertage

Weiße Nebelschwaden steigen
aus den Wäldern, aus den Au'n,
türmen sich wie Himmelsmauern,
grau bekränzt mit Wolkenschaum.

Lichte Schleier für Momente,
durchsichtig wie dünnes Glas,
milchig glitzert auf dem Boden
perlend nass das welke Gras.

Lange Reihen schwarzer Kreuze,
fast verschluckt vom Meer der Zeit,
reißen in den weißen Schleier
Löcher der Vergangenheit.

Ihre Namen sind geblieben,
leicht verwittert und bemoost,
dennoch dienen sie den Menschen
zur Ermahnung und zum Trost.

Joachim Reichel (*1963)

Das Bäumchen

Wenn Du mich fragst,
Ich würd' das Bäumchen
Heut' noch pflanzen,
Auch wenn die Welt morgen unterging';

Ja, ich würd' es pflanzen
Und begießen
Und mich freuen,
Dass es nun auf meiner Wiese,

Und ich stellt' mir vor
Die Früchte, die es einmal trüge,
Die erste Ernte,
Ein wunderschöner Tag.

Und vielleicht könnte es mir einmal
Schatten spenden,
Wenn es älter, größer
Und sein Laub der Sonne Licht verdeckte.

Ja,
Ich würd' das Bäumchen
Heut' noch pflanzen,
Allein die Träume sind es wert.

Bernd Ringwald

Meine Welt

Die Luft ist erfüllt
von Stimmengewirr,
Emotionen, Gedanken,
sie strömen
aus tausend Körpern
mit tausend Seelen.
Sie flüstern und schreien,
sie weinen und lachen,
sie finden zusammen
und trennen sich.
Ich stehe,
in Mitten dieser Gestalten,
doch ich blende sie aus,
sehe sie nicht,
denn im wirren Strudel
meiner Gefühle
erscheint einzig dein Gesicht.

Vanessa Romanowski (*1992)

fortuna

Herz reimt sich auf Schmerz.
Geld regiert die Welt.
Und wenn die Welt ein Herz hätt',
wen schmerzte da noch Geld?

Wo Herz und Welt sich reimen
Mein Freund, hier träfst du mich
Fühlst weder Herz noch Schmerzen
In dir, da reimt sich nichts

Dein Leiden kennt kein Leben –
verspielt für's kleinste – stück
Hast Eines ganz vergessen:
Herz + Schmerz = Glück

Petra Rosswaag (*1972)

Klein aber fein

Ich geh' allein am Meeresrand
und seh' im Sand – man glaubt es kaum,
ein Pflänzlein steh'n.
Es ist nicht schön,
nicht groß nicht klein
steht so allein
im schönen, warmen, weichen Sand.
Da denk' ich mir:
Nähm' ich es mit
Würd' hegen und es pflegen fein
Wär' es und auch nicht ich allein.
Vielleicht wird es in ferner Zeit ein
    Riesenbaum.
Oder auch nur ein Blümlein klein.
Ganz unscheinbar aber doch fein.
Und brächt' für ein paar Tage mir
die Freud' ins Haus, die ich empfand
an jenem Tag als ich es fand.

Maria Rothner (*1960)

Der Waldkauz

Huhuuuuhu, Huhuhuuuhu
der Waldkauz ist's
gen Morgen früh um sieben

Ein altes Herz kam zu befreien
dem Neuen zu erliegen

Gegrüßt sei's
das eigene Motiv
in dessen Aug'
so fruchtbar tief

Höchstselbst
sein eigen Füll erkennt

Juhuuuuuu, Juhuuuuuu
er höret sich
morgens früh um sieben

Weiht sich selbst und fliegt gefreit
der Herzen Liebe willen.

Susanne Savelkouls-Wüstenberg (*1961)

Freundschaft

Was tun wenn Dunkelheit und Stille uns das
    Herz zerbricht.
Wenn die endlose Einsamkeit …, uns die
    Sinne raubt.

Was tun, wenn die Blume in uns …,
vor lauter Verzweiflung welkt.
wenn das Meer der Gefühle in Aufruhr ist,
die Hoffnung zerbricht und die Augen
trübe werden vom salzigen Fluss der Tränen.
Wenn die Sonne nicht mehr scheint …,
und Dunkelheit sich ausbreitet wie ein
    Himmel ohne Sterne.

Dann greifen wir nach der Hand die sich uns
    reicht,
lassen uns hinausziehen aus all dem was uns
    bedrückt,

Hinausziehen …, aus den finsteren Fluten
des aufgewühlten Ozeans der Gefühle.
Hinausziehen …, an das Licht der Sonne …,
von einem Freund …, einem Freund

Wolfgang Schade (*1940)

Fenster zum Weiß

Blick
durch das Blau
des Himmels.

Hindurchgeblickt
durch das Blau
des Dazwischen.

Dahintergeblickt
durch das Blau
in das Weiß.

Blick
durch das Fenster zum Weiß
auf das Dahinter.

tin scheu (*1959)

Mysterien

Heute Morgen
Als ich erwachte
Lag Schnee in der Einfahrt.

Ich wunderte mich, denn
Heute Morgen
Als ich erwachte
Dachte ich nicht an Dich.

Es ist Winter
Dachte ich.

Marcel Schindler

Es werde!

Und still liegt der Abend
im Schoß der Mutter Erde.
Gott sprach: „Es werde!"

Und so ward auch heute
wieder ein neuer Tag.
Ich dank der Schöpfung Erde!

Und ich preise meinen Gott
und bitt' ihn: DU Schöpfer
sprich nur immer: „Es werde!"

Amen

*Adelheid Schmidt (*1945)*

Wieder aufstehen

Niedergebeugt
verharrend
blickgestört
am Boden klebend
sichtlos fühlend
gestarrt gebückt
den Weg verfolgend
Erfassen gestört
sinnbegrenzt

Gedanken treffend
einstoßen
am Rande
den Willen berühren
erfassen wollen
heftig aufstemmen
durchziehen
in Stand kommen
gelöst bleiben
aufgestanden sein

Adelheid Schmidt

Erfüllung

Auf geht es, elende Kinder von weit ab hinter
    der Sonne.
Schwingt euch auf silberne Rösser der
    Abenddämmerung und zieht los,
zu vernichten der dunklen Nachzeit weißer
    Untergang. Seid tapfer und mutig,
um zu erreichen des blauen Reiches wüstes
    Urantlitz.
Wacht nicht über das unglaubliche Schicksal
    der Zukunft;
kein Zauder, kein Blitz vermag die
    Grundfesten des Daseins zu erschüttern.
Unbeweglich, unangetastet ruht die Ewigkeit,
einzig bedacht, zu zerschmettern der Götter
    helles Königreich.
seid tapfer und mutig,
erstarkt das unbeholfene Ungewiss und
    vergesst der Kugel schönen Reiz.
Nehmt den Tag und gebt ihn erst zurück,
wenn der Baum zerfällt und das Ei zerbricht.
Und vergesst nicht, dass kein Apfel ohne
    Sünde ist.
Denn wenn das Ende kommt, vermag
    niemand, es zu stoppen

*Dominik Schmitz (*1995)*

Die Liebe – die universelle Energie

Wer bin Ich, und wer bist Du, und wer sind
    Wir?
Ich bin. Ich bin ich.
Und Du bist Du und Du bist Ich und Ich bin
    Du.
Und Du und Ich sind Wir. – Denn:
In mir existiert das gesamte Universum!
In Dir existiert das gesamte Universum!
In uns existiert das gesamte Universum!
Denn – Wir sind das gesamte Universum!
In Dir, in Mir, in Uns, im Wir!
Wir sind das universelle Wir. – Denn:

Ich bin die Natur, und Du bist die Natur, und
    Du bist die universelle Energie,
diese Kraft und Du gibst die Kraft aus Dir.
Es ist die Kraft der Liebe. Die universelle
    Energie.
Diese Energie die alles existieren lässt, und
alles zusammen hält, damit nichts
    auseinanderbricht.
Wir sind diese universelle Energie – Die Liebe.
Denn:
Das bin ich und das bist Du und das sind Wir,
    zeitlos verschmolzen im Hier.

Jürgen Schneider (*1956)

Wandel

Seine Lippen versiegelt der Sänger.
Es entfaltet sich die Schriftrolle
an den unbekannten Empfänger.
Lichter umkreisen die Frucht
der lebendigen Zeit.
Schon steht das Fohlen
zum Sprunge bereit.
In alter Soutane
fliege ich zum letzten Mal
über Meere und Berge
und das versunkene Tal.
Ich begrüße den steigenden
Pharao des Lichts
und gleite für immer
in jenes tonlose Nichts.

*Clara Schobesberger (*1958)*

Was bleibt?

Werden – Vergehen
formen das Dasein.
Was bleibt bestehen
in unserer Welt?

Menschenleben
hat seine Grenzen,
es wird gegeben
und stirbt dahin.

Doch Spuren bleiben,
die wie ein Samen
Segensfrucht treiben
oder gar Fluch.

Auch du wirst gehen.
Was hinterlässt du?
Kann es bestehen
vor denen nach uns?

*Joachim Scholz (*1940)*

Allerseelen

Es dämmert. Ganz unmerklich sinkt das
    Dunkel
hernieder auf die Gräber. Es ist still.
Ich schau' zum Himmel, sehe das Gefunkel
der ersten Sterne. Weiß ich, was Gott will?

Der lieben Eltern soll ich heut' gedenken,
die schon so lang' hier in der Erde ruh'n.
Ein warmes Licht, das will ich ihnen schenken.
Voll Dankbarkeit für sie werd ich es tun.

Die letzten Blumen, die ich hergebracht,
sind längst verwelkt, drum werfe ich sie fort.
Es naht sich unaufhaltsam nun die Nacht.
Mich fröstelt mehr und mehr an diesem Ort.

Und während auf dem Elterngrab das Licht
noch flackert, so als wollte es verlöschen,
da fährt ein kalter Wind mir ins Gesicht.
Er reißt das fahle Herbstlaub von den Eschen.

Wer wird wohl einst am Allerseelentage
zu meinem Grabe kommen, um ein Licht
dort anzuzünden? Bleiben wird die Frage,
denn eine Antwort darauf find' ich nicht.

Rudolf K. Scholz (*1936)

Sie sagen, es gibt keine Menschen mehr

Alle sagen,
alle klagen,
es gibt keine
Menschen mehr.
Du sagst es,
er sagt es,
sie sagt es auch.
Und sie schieben
Seufzer hinterher.

Wenn aber du
ein Mensch bist
und er
und ich
und sie,
ist das
nicht mehr wahr,
weil dann sind es
schon ein paar!

Herma Schotkovsky-Storfer (*1928)

Spinnerei

Du, der Du dich denkst,
die Du dich lenkst,
dich hängst
im Träumen und Wachen
in des Trugbildes zwielicht'gen Rachen,
bist du wirklich – oder bist du nur
ein Bild, ein Klang, ein Schein?
das Sein
ist nicht zu fangen.
Verlangen
vergangen
in Wort und Licht
- sag mir bist Du's,
oder bist Du's nicht?

Lea Schott (*1994)

170

Zwischen den Jahren

Zwischen den Jahren, da schein ich zu
    schweben
Zwischen Gewesenem und zwischen
    Werdendem.
Noch hat das Jahr mir nicht alles gegeben,
was es bereit hält als farbigen Reigen,
schon lockt das Neue mit knospendem Leben
Zukunft gestaltendem, wild sich gebärdendem
– schwerelos schwebe ich in meinem Streben,
nichts ist vollendet, mehr wird sich noch
    zeigen!

Eckehard Schöll (*1951)

Ein Jahr nach dem Atomschlag

Über der farblosen Erde erhebt noch ein
    Baum sich
und streckt die Äste zum Himmel in
    stummer Gebärde.
Ist es ein Weinen um Glück und
    vergangenes Leben?
Bäume können nicht weinen und
    Menschen nicht mehr.

Welliger Sand erstreckt sich in endlose
    Weiten,
unter ihm ist begraben das Leben der Welt.
Grellgelb flimmert die Luft, eine stimmlose
    Warnung.
Man würde Kälte erwarten, jedoch es ist
    heiß.

Hier nun durchbricht ein Hügel die reglose
    Landschaft,
ragt eines Kirchturmes Spitze bizarr noch
    empor.
Sinnlose Mahnung des Kreuzes im rötlichen
    Sande.
Die, für die sie bestimmt war, sind nicht mehr
    da.

Friedlich und still ist das Land, doch die
     Stille ist tödlich.
Pulsendes Leben und Hasten, das gibt es
     nicht mehr.
Die Welt ist ein Friedhof, ein Grabmal für
     menschlichen Ehrgeiz.
Was euch geschenkt war, ihr habt es im
     Wahnsinn zerstört.

Manchmal erschallt kurz das Rufen von
     seltsamen Tieren,
in denen Natur sich verzweifelt das
     Leben bewahrt.
Was ist der Sinn eines Lebens, wenn es keine
     Welt gibt?
Hoffnungslos leben – das ist doch ein Leben
     nicht mehr.

Und über allem erstrahlet des Himmels
     Gewölbe
unwirklich drohend in blitzendem
     Farbenspiel,
so, als stürze der Himmel herab auf die
     Erde,
hülle sie ein und führe zurück sie zum
     Nichts.

Dietlinde SCHUMY

173

Schönheit

Geh nicht blind durch diese Welt
blick hinauf zum Himmelszelt.
Wandre leis durch Wald und Flur
nimm auf die Schönheit der Natur.
Verborgenes Veilchen, stolze Rose
Empfindlichkeit wie die Mimose.
Wie Vögel singen, Bienen summen
was alles lebt wird nicht verstummen.
Grazil der Tänzer, der als Mann
Schönheit perfekt uns zeigen kann.
Beim Menschen auf besondre Art
ist die Schönheit dann gepaart.
Die Schönheit der Seele nach außen sich
spiegelt sie nicht zu verändern, sie ist wie
versiegelt. Die äußerliche – Gefallen macht
schön – ein jeder sieht anders, das muss man
verstehn. Ein junges Gesicht und glaube es mir
immer und stetig eine Zier.
Doch sieh mal hin in alten Zügen
sie dich niemals mehr betrügen.
Die Schönheit hier in jedem Zug und keine
Falte ein Betrug.
Die Schönheit der Schöpfung
– Du musst sie nur sehn – mit ihr kannst
beglückt durchs Leben dann gehen.

*Hannelore Schweinehagen (*1937)*

Sommer in historischen Mauern

Wo der hohe Münsterturm, eine Stadtmauer
    und Tore
von einer frühen Herkunft des Städtchens
    zeugen
und sich Literaturkenner und Opernfreunde
    noch heute
vor dem Dichter Wolfram von Eschenbach
    verbeugen,
der durch seine Epen Parzival und Willehalm
    bekannt,
liegt Wolframs-Eschenbach im schönen
    Frankenland.

Wo bunte Tonziegel des Kirchturmes von
    ferne grüßen,
und Kopfsteinpflaster durchzieht die Gassen
    der Stadt,
eine historische Stadtmauer den Stadtkern
    umschließt,
wird klar, dass dieses Städtchen seine
    Geschichte hat.
Straßenlaternen verbreiten abends ihr
    idyllisches Licht.
Man hört, wie des Städtchens Zauber flüsternd
    spricht:

Seht doch die Fachwerkhäuser mit der
    Madonnen Zier,
die Torweiher, vom Sommergrün der Bäume
    gesäumt!
Vielleicht hat einst dort auch
    Wolfram von Eschenbach
an Sommerabenden von seinen Heldenepen
    geträumt.
Entdeckt die Urtümlichkeit von Wolframs –
    Eschenbach
und lasst die Zeit des Mittelalters in Euch
    werden wach.

Sieglinde Seiler (*1950)

Ich bin

Ich bin ich und manchmal du.
Meist in mir selbst, mal überall woanders.
Findend – suchend,
Punkt und Kontrapunkt zugleich.

Bin voller Glück, dann starr vor Schmerz.
Mal träum ich tags und lebe nachts.
Unruhig – ruhend bin ich viel zu viel
Und gar nichts.

Gradlinig fühle ich und denke auf Umwegen.
Bin von dieser Welt und doch nicht in ihr.
Suche Antworten und finde offene Fragen.

Du sagst du hast ein Bild von mir?
Bitte lass es ungerahmt.
Ich lebe nur eine Idee
Und überrasche mich selbst
noch viel zu oft.
Gut so. Lebendig…!

Christel Marie Silbersiepe

Kaum was der Rede wert

kaum was der rede wert außer raum dass wer
    wederkehrt
kaum dass wer wederkehrt gibt's raum dass wer
    weder reaht
braucht's raum dass es wort was wert
braucht's raum dass wer wederkehrt
kaum was der rede wert außer raum dass wer
    wederkehrt
ein baum der dem wetter wedersteht der ist
    seiner rede wert
aber nicht ein zaun der nur wedersteht der ist
    kaum seiner rede wert
und auch kein haun ich mein hain und auch
    kein raun ich mein rain
alles ohne zaun sollt's sein
außer es gibt den faun den fein der da sitzt am
    zaun ganz gleim
kaum was der rede wert außer raum dass wer
    wederkehrt
und dem faun dem nie der spaß vergeht
und dem raum dass was weiter geht
ohne zaun der nur wedersteht
darum hau den zaun der da wedersteht
und küss den faun der dazu da g'hört
wo etwas weiter geht
mal schaun was der zaun so wedersteht

wenn da kaum irgendwas der rede wert außer
    raum dass irgendwer wederkehrt
(reaht = weinen, gleim = liebevoll,
    anschmiegsam)

soed broed (*1968)

Laufe locker sieben Runden

Geige spielend taucht der Tod
aus dem Nichts in meine Räume,
will mich holen, grüßt devot,
ist es möglich, dass ich träume?

Sterben möchte ich noch nicht,
zähle zu den Kerngesunden,
habe Idealgewicht,
laufe locker sieben Runden,

wie mein Sportabzeichen zeigt.
„Hoffst du etwa", fragt der Blasse,
der die Barkarole geigt,
„dass ich dich am Leben lasse?"

Wolf Spickmann (*1943)

Der Fels

Kein Hauch von Widerrede
bröckelt aus dem Wassergrab
verwurzelt liegt in tiefer See
ein Fels der aus dem Meere ragt.

In angestemmter Wut
brüllt das Meer seit Tagen
an rundgeschliff'nen Kanten
sich die Wasser Wunden schlagen.

Der Fels zwingt sich in Ruh
dem Neider schäumt's im Überfluss
er brodelt nassen Hass als ob
man Felsen so beschimpfen muss.

Kein Hauch von Widerrede
bröckelt aus dem Steingesicht
in Blindheit ruht sein Schmerz
der still erhaben ist.

Dietmar Spitzner (*1950)

Die Wanderschaft

Da wanderte ich durch das dunkle Tann,
glaubte, hoffte, spürte, dass irgendwann,
inmitten einer Blumenwiese ich steh,
und den klaren Himmel wieder seh.

Laufe weiter, weiter auf meinem Weg,
über so viele Brücken, so manchen Steg.
So gehe ich aufrecht mit erhobenem Blick,
lenke in Freude und Liebe mein Geschick.

Renne rastlos über das Stoppelfeld,
niemand mehr da, der mich noch hält.
Springe behände über den Bach,
fall in die Sümpfe und lach.

Beseelt mit Eifer dabei,
mein Herz mit Flügel verwandelt es sei.
Zu suchen, zu finden mit Wonne,
die für mein Leben bestimmte Sonne.

Nun bin ich da, ruhe mich aus,
sicher und glücklich im neuen Zuhaus.
Lege mich unter den Himmel ins Gras,
jetzt scheint er blauer und nicht mehr so blass.

Eirene (*1963)

Weiber

Was sind sie nur für Wesen,
Uns're Weibersleut.
Mal lustig, meistens Besen,
Meiden das Kirchengeläut.

Müssen ständig duschen,
Hängen am Telefon.
Tratschend durch Kaufhäuser huschen,
Rauchen 'ne Schachtel schon.

Es steht schon in der Bibel,
Nachlesen kann man es,
von den Weibern kommt alles Übel,
sind giftig und im Dauerstress.

Blendwerk und Fassade,
Dies ist ihnen hold.
Puder-Maskerade,
Von ihnen so gewollt.

Doch ich liebe meine Weiber,
Und es sind nicht wenig.
Sind die besten Zeitvertreiber,
bei ihnen bin ich König.

*Manfred Stopfer (*1948)*

Neptun – Quadrat

Du glitzernde Wolke im Sonnenstrahl
dort oben am Himmelszelt
Du flüsterst und flirtest
in geistigen Höh'n –
mit wem, wenn ich wüsste: mit wem?

Ich bin mir nicht sicher,
es könnte ja sein,
die Venus sie lächelt Dir zu;
jedoch schillernd, fluoreszierend
transitiert im Quadrat
„Neptun" im Sonnenstrahl.

Die glitzernde Wolke verflüchtigt sich;
ahnt Täuschung – „Neptun Quadrat" –
dort oben, dort oben in geistigen Höh'n
im Sonnenstrahl.

EvaMarie Traeger

Eine Reise

Wie haben wir uns als Kinder
auf die Schulreise gefreut,
uns ohne Schulthek oder Mappe,
dafür mit einem Rucksäcklein
oder einer umgehängten Lunchtasche
frühmorgens am Bahnhof, wenn nicht
an einer Busstation einzufinden.

Mit erwartungsvollen Augen
begrüßten wir Lehrer Bucher
ohne steife Jacke und Krawatte,
vielmehr in Wanderkleidung
und allerbester Laune:
Der Beginn eines wundervollen Tages
reich an ungeahnten Verheißungen.

Diese Unbeschwertheit ist mir
wohl längst abhanden gekommen;
dennoch löst die Aussicht auf eine Reise
auch jetzt stets große Freude aus:
Fortfahren bedeutet Distanz zu mir,
Begegnung, Einfall von Licht und Tönen.

Rosmarie Tscheer

Abenteuer des Reisens

Mit der Bimmelbahn
vom Dorf in die Stadt
im Sonntagskleidchen
an Mutters Hand
durch lärmende Straßen
wilde seltsame Tiere im Zoo

Später im Schnellzug
vorbei an fremden
Dörfern und Städten
fliehender Landschaft Kaleidoskop
mit leichtem Gepäck im Flugzeug
hoch über Wolkengletschern
frei wie ein Vogel
der Sonne entgegen

Leben
Abenteuer und Reise
immer weiter ziehst du die Kreise
bis der letzte vielleicht
dich führt aus der Zeit
in die Unendlichkeit

Gerburg Tsekouras

Hiddensee

Vom Schwalbengezwitscher am Morgen
    geweckt,
vom Möwenschrei aus dem Schlaf
    aufgeschreckt,
der Sturmwind drückt die Kiefern aufs Land,
die Wellenberge schlagen den Sand,
wo Gänse, Gras teilen mit Pferd und Rind,
wo die Wälder ganz verwunschen sind.
Die Heide sich rot über Hügel erstreckt,
wo die Kreuzotter einsame Wand'rer
    erschreckt,
der Sanddorn dem Labenden Gesundheit
    verspricht,
der Fisch aus dem Ofen mit gutem Geschmack
    besticht,
die Häuser ducken sich tief ins Ried,
der Sprosser singt sein melodisches Lied.
Wo Nacktheit sich in die Wellen stürzt,
der Bernsteinsucher den Weg mit dem Rad
    abkürzt,
die Urlauber radelnd Erholung suchen,
sich ab und zu einen Kulturgenuss buchen.
Ist der Blick vom Leuchtturm ins leuchtende
    Rund,
vom Bodden zum schäumenden
    Meeresschlund,

über Wasser, Berge, Wiesen und Höh'n,
für alle hier einfach wunderschön.

Rosemarie Tzscheutschler (*1943)

diese frau für immer
(für Conny E.)

diese Frau war immer schon eine
sünde wert nicht wissend was
denn sünde überhaupt sei aber
liebe das pulste schon durch
unsere jungen adern und ließen
so manche holde regung auch
bei lichte spiegeln ob der andere
denn ebenso besonders sei und
folgen wolle oder könne in das
liebe land der narreteien auf dem
wege in das hoch anständige amt
ach, diese frau betört mich noch heute
für immer

B.R.M. Ulbrich (*1950)

Friaul oder Auf Rilkes Spuren

So nah und doch noch nie gesehen
Geliebet mit dem ersten Blicke
Vormals unser Väter Boden
Städte so bezaubernd schön
Alter Meister ewig Heimat
Erschüttert von der Erde Zorn
Paradies der leiblichen Genüsse
Landschaft nimmt dich in den Arm
Reben genähret von des Meeres Tränen
Und der sengend Sonne Strahl
Blutrot aus der Traube gäret schwerer Wein
Farbentrunken der entrücket Horizont
Tränenschwer das Grün
Felsenwege ausgetreten
Von der Bürde schwerer Last
Nebelschwaden ziehen hin
Des Malers Sehnsucht
Des Dichters Muse
Des Musikus Intuition
Vieler Stunden hart erkämpfter Lohn

Christine Unterberger (*1954)

Minderjährig

Welch Unmut in der tauben Welt
sie ihr Urteil blindlings fällt,
ihr entflohen für eine Nacht
der zarte Jüngling splitternackt,
den Knospenspross liebkoste
dessen Duft ihn verführte
die gereifte Frucht zu pflücken,
fern von gierigen Blicken
im medialen Jagdrevier,
den Fuß in des Mannes Tür
sein Spiegel ihm enthüllte
den Sehnsuchtsdurst er stillte,
im Kopf tanzende Sterne,
Stimmen riefen aus der Ferne
Was tatest du?
Die Rose zu früh erblühte
im Gewand der Pestizide
stach sie zu?
Der toxine Nebel lichtete sich
die Nacht der Dämmerung wich.

Ulrike Voigt

Das Versprechen

„Was du versprichst, das musst du halten!"
So lernte ich's einst von den Alten,
Selbst wenn die Menschheit dieser Welt,
Was sie verspricht, nur selten hält.

Nun bin ich alt, denk an die Jungen
Und frag' mich, ist's auch mir gelungen,
Was ich gelernt für's ganze Leben,
Kindern und Enkeln mitzugeben?

Und ich bekenne frei und offen:
„Ich will es für sie alle hoffen,
Und glauben, dass sie kein Versprechen,
Das sie gegeben, jemals brechen."

Denn unverändert gilt noch fort,
Der alte Spruch, „Ein Mann, ein Wort!"

Heinz Volz (*1923)

jahrestag

mein herz
voller trauerrisse
will die zeit zurückdrehen
um ein jahr
will dich noch einmal sehen
- für einen tag nur -
und hören
wie du meinen namen sagst
den nur du so magst
und niemand sonst
aber
könnte ich dann
dich noch einmal
gehen lassen
ohne dass mir
mein herz zerbricht
gänzlich
in stücke
mein herz

*Bettine Wagner-Friedewald (*1957)*

Schenk' mir Dein Lächeln!

Ich liebe das Leben, die Sonne, Wärme,
den Mond, die Erde und nachts die Sterne.
Doch, ich könnte nicht leben, das glaube mir,
käme nicht oft ein Lächeln von Dir.

Schenk' mir Dein Lächeln,
es macht mich so froh.
Dann kann ich tanzen, so oder so,
vom frühen Morgen bis in die Nacht,
weil mich Dein Lächeln so glücklich macht.

Ich tanze den Mond,
die Sonne, die Sterne,
ich atme frei und lebe so gerne!

Ich tanze den Sturm,
den Regen, die Winde,
weil ich nur so zu mir selber finde.

Schenk' mir Dein Lächeln!
Du wirst schon sehen.
Lass uns tanzen,
so werden wir niemals untergehen!

Schenk' mir Dein Lächeln und …
in dem wahnsinnigen Weltgetriebe:
Wir tanzen die Liebe, die Liebe.

Edda Waimann

Apokalypse

Mondschatten überm Lot.
Gefühle schweigen tot.
Linear gekapptes Flehen.
Herzen bleiben stehen.
Schornsteine kippen über,
Münder und Mäuler kotzen drüber.
Gedärme treten aus schlaffen Bäuchen,
Blut gerinnt in allen Schläuchen.
Stinkendes Gewürm durchkriecht die
Seelen, frisst sich in die Nebenhöhlen.
Vorwärts, rückwärts , seitwärts, aufwärts,
abwärts – freier Fall.

Gibt es jemals wieder den Urknall?

*Harry Weigand (*1947)*

Psychoanalyse

Peter rollte auf der Fahrbahn zu weit rechts
Gisela sah den Schatten tauchen
Hilfeschreie blieben nur in Gedanken im
    erstickten Unterbewussten

Gisela rollte auf den Schatten zu weit links
Peter sah die Fahrbahn tauchen
Er stickte Gedanken
Hilfeschreie im Unterbewussten

Fahr, Peter, auf der Rollbahn weit rechts
Gisela, tauch in die Schatten
Hilfe, schreie ich, wo bleiben die Gedanken
Im Unterbewussten

Schatten fahren auf Peters Rollbahn
Weit rechts taucht Gisela in Gedanken
Erst tickte Hilfe
Im Unterbewussten

Hilfe, Schatten fahren zu weit rechts
Peter taucht, Gisela rollt
Ein Gedankenwust, wo nur
Bahnen unterbleiben, tickt

Robin Wellenkamm

blickmögliche weite

wir schauen weite
glas und weißgedünnter stoff
bis an die kante unsres abbruchs
wohnen wir auf höhen
und blicken ferngelassnes
im glauben an das
übertreten unsrer täler
denkt flügel uns
was draußen sichtbar wird

tragen sie fort?
ein leichtvertrauen
wenn wir auf wolkenuferbergen stehn
im drängen an geschärfte küsten
unsrer inseln innerwärts gewendet
dann müssen wir erkennen
dass auch die bestgelegne blickmögliche weite
nicht über kluften
nicht über meere trägt

*Andreas Werner (*1971)*

197

Lied des Engels

Ein jeder Engel hat ein Lied,
das steht ihm fest zur Seite.
Auf dass es ihn in kalter Nacht,
bei rauem Tag und Gegenwind
als Freund und Schutz begleite.

Des Engels scheue Wesen braucht,
damit sein Lied erklingt,
den guten Ort, die rechte Zeit
und einen Mut und einen Freund,
sodass der Engel singt.

Er fragt – wo reist es hin, mein Lied?
Kein Ton geht je verloren!
Denn immer, wenn ein Engel singt,
wird irgendwo am Himmelszelt
ein neuer Stern geboren…

Des Engels Lied hebt sich empor,
will über Ränder fließen
und wird mit seiner ganzen Kraft
sich jedem, der zu träumen wagt,
in Herz und Sinn ergießen.

Und schaue ich, wie eines Nachts
am Firmament geschieht,

dass nun ein heller Stern dort strahlt
und alle Himmel leuchten macht
weiß ich:

Der Engel sang sein Lied!

*Annette Wiese (*1971)*

Spiele mit mir

Leg deine Wange gegen mich
spiele mit mir
spüre wie meine Kälte
sich erwärmt in dir.

Traurigkeit in deinen Augen
welche langsam verschwindet
wenn Vibration in unseren Körpern
deine Einsamkeit überwindet.

Verführe uns in Höhen
wobei du dich entlastest
dein liebkosender Finger
mit dem du mich betastest.

Klänge der Liebe
die unser Zusammensein umgeben
deine passionierte Zärtlichkeit
bringt mein Stradivari zum Leben.

Indy Toma

Bruder Baum

Du stehst vor meinem Haus
saftig, mächtig, grün
alles überragend
ein Sturm kommt auf
Dächer werden abgedeckt
und du?
Du biegst dich spielerisch
du tanzt – als wärst du
Sturmes bester Freund.
Nun hat sich der Orkan gelegt
lässt liegen die abgedeckten Häuser
der Regen kommt!
Menschen flüchten – verlassen Haus und Hof
Unterschlupf zu finden
und du?
Du stehst nur da mein Bruder Baum
ruhig, gelassen, mächtig, saftig, grün
lässt kühles Regennass von
deinem Blattwerk tropfen
als wär es eine kühle Dusche
nach der kleinen Spielerei mit dem Wind.

Christian Winkler (*1966)

Mit Luther zurück in die Kernenergie

Vom Himmel hoch, da ruf ich zum Planeten
    Erde her, ich bring Euch gute
neue Mär, denn es gibt bald in Asse,
    Gorleben und in Fukushima keine
gefährliche Radioaktivitäte mehr: Davon ich
    nun schreiben und verkünden will:
Es ist wie der Herr Christ unser Gott – die
    Strahlungsquelle – im Atommüll – das
Technetium 99 – das Euch führt in radioaktive
    Not, weil es seine Gefährlichkeit lange
behält: Es ist wie der Herr Christ unser Gott –
    die Umwandlung des Technetiums 99 in
Ruthenium. Nur sie kann die Menschheit
    führen aus aller radioaktiven Not.
Von allen vorherigen menschlichen Sünden in
    Asse kann diese Umwandlung den
Atommüll machen rein von Radioaktivität.
    Ach Herr Du Schöpfer dieses Ding: Wie
herrlich ist doch nur durch diese Umwandlung
    des Technetiums 99 in Ruthenium die
sonst so gefährliche, weil lang dauernde
    Radioaktivität geworden in nur 19 (!)
Sekunden so gering, dass dort, wo die hoch
    radioaktiven Fäßer in Asse liegen tief
unter dem Gras, nach erfolgreicher

202

Umwandlung ein Rind und ein Esel eben
    schon wieder davon aß.
Von dieser Umwandlungsfähigkeit zu hören
    hat bestimmt nicht gefallen der grünen
Menschheit Schar: Doch Dir, dem Leser, dem
    ich diese Wahrheit anzeige hier. Darüber
freut sich auch der Menschheit Schar auf
    dieser Buchmesse und auf diesem Blauen
Planeten, während und nachdem ich von
    solcher Freud vom Stand dieser Buchmesse
aus in die Welt verkünd!

Knut Wüstenhöfer (*1955)

Reife Ähren

Reife Ähren im Sommerwind
knistern und knacken,
schaukelnd sich wiegend im Feld
in der Mittagshitze,
die flirrend
liegt über der Welt.

Vielstimmig ertönt
der Heupferdchen Streichkonzert
in Wald und Feld –
Klang des Sommers
erfüllt diese Welt.

Goldene Ähren –
bereit sich zu geben,
sich selbst aufzugeben,
hinzugeben
als Samenkorn
an diese Welt.

*Susanne Ziegler (*1962)*

Inhalt